Walther Rohdich

August der Starke
Biografie eines Pferdes

AF672442

Willkommen in meiner Biografie

August der Starke

Biografie eines Pferdes
von
Walther Rohdich

Dem Leben nacherzählt

Rediroma-Verlag

Bibliografische Information der Deutschen Nationalbibliothek:
Die Deutsche Nationalbibliothek verzeichnet diese Publikation in der Deutschen Nationalbibliografie; detaillierte bibliografische Daten sind im Internet über http://dnb.ddb.de abrufbar.

ISBN 978-3-96103-551-9

Copyright (2019) Rediroma-Verlag

Alle Rechte beim Autor

www.rediroma-verlag.de
11,95 Euro (D)

Inhaltsverzeichnis

Vorwort

Der Titelheld dieser Biografie, geboren in einem uns heute sehr fernen Dorf, das später namentlich genannt werden wird, hat tatsächlich gelebt und ist keine fiktive Autoren- oder Romanerfindung! Er heißt August.

Ein Pferd ist er, ein Hengst natürlich, ein Rappe und pechschwarz, dunkelschwarz und rabenschwarz und kohlrabenschwarz und schwarzglänzend und mattschwarz, je nachdem, wie das Licht auf ihn fällt oder er gelaunt ist. Und ein Kamerad ist er, wie ein jeder Mensch sich einen Kameraden wünscht und vorstellt. Seine Eltern sind nur halbwegs bekannt: Weil sein Vater nie ermittelt werden konnte! Man führe sich vor Augen, dass in der hier abgehandelten Zeit der 40er-, 50er- und 60er-Jahre des 20. Jahrhunderts die kleinen und mittleren landwirtschaftlichen Betriebe kein Stammbuchvieh besaßen und sie ihr Vieh, also Schweine, Rinder und Pferde sich „frei nach Schnauze" vermehren ließen – Hauptsache, es gab Nachwuchs!

Unser Nachwuchs hatte aber das unwahrscheinliche Glück, an ein Paar Zieheltern zu geraten, wie sie besser, fürsorglicher, kameradschaftlicher und liebevoller nicht sein konnten – wir führen sie bald vor! Sie waren bei Augusts Geburt Geburtshelfer, halfen ihm also ins Freie und so waren sie, nicht die Pferdemutter, die ersten lebenden Wesen, die seine noch umflorten Augen erblickten. Das führte zu den Schwierigkeiten, dass er in den ersten Stunden seines Lebens ihnen folgte und mit seiner Mutter nichts zu tun haben wollte. Doch die Erstmilch, diese so genannte Biestmilch, musste er unbedingt bekommen. Etwas körperlicher Zwang, sachtes Zureden in frische Pferdeöhrchen und Jungaugust hatte den ersten Sinn des Lebens begriffen. Verlassen wir ihn vorerst und wenden wir uns den zweibeinigen Protagonisten dieser Erzählung zu.

Wie es bei Biografien aller Art zwecks Personenschutz und so weiter heutzutage üblich ist, haben wir alle Vor- und Nachnamen frei erfunden, außer bei Personen der Zeitgeschichte natürlich. Die hier behandelten Persönlichkeiten wie Babys, Schulkinder, Konfirmanden, Lehrlinge, Gesellen, Meister, Eltern, Großeltern und Berufe, die im Lauf der Erzählung kennengelernt werden können, deckt mittlerweile der Grüne Rasen oder das von weißen Steinchen umgrenzte Beet, sie leben als Asche in Urnen oder in alle Winde verstreut fort, sind aber auf Fotos unsterblich geblieben, und es wird allen Spähern und Schnüfflern unmöglich sein, sie aufzustöbern.

Biografien sind auch Denkmäler. Ohne unter Denkmalschutz zu stehen. Ob steinern oder als Papier – ihr Lebensalter bleibt ungewiss, unschätzbar. So genannte große geschichtliche Geister, die hier nicht auftreten, überleben manchmal in Marmor gemeißelt, in Kupfer oder Zement gegossen Jahrtausende oder Jahrhunderte, werden aber auch geköpft und versenkt, je nach Verdienst und Zeitgeist.

Zu August, dem Namensgeber dieser Biografie, gesellen sich nun, - wir verraten es endlich -, Krischan und Meta. Diese drei lebten in einer Zeit, die nie wiederkehren kann, bezogen auf Originalität, Derbheit, archaischem Humor, Kargheit, Genügsamkeit und in einem Grad verinnerlichter Zufriedenheit, die mit Armut, Reichtum, Macht und erlernter Klugheit nichts zu tun hat. Es sind grausliche Zeiten, in die Krischan und Meta hineingeboren werden, „unehelich“, wie man damals missbilligend formulierte, obwohl auch zu der Zeit der schwärzeste Pfaffe und befrackte Standesbeamte wussten, dass Kinder zumindest am Tag ihrer Geburt unschuldig sind. Zu den grauslichen Zeiten von Armut, Arbeits- und Hoffnungslosigkeit gesellten sich jene der politischen Aussichtslosigkeit – wir weisen vorsorglich darauf hin, dass Krischan und Meta 1930 in eine Gegend des Deutschen Reiches hineingeboren wurden, die mit „am Arsch der Welt“ noch wohlwollend zu charakterisieren ist. Dessen ungeachtet hat sie, diese Gegend, öfter ihren Besitzer gewechselt als man sich heute vorstellen kann.

Ein paar Bemerkungen sind noch zur Sprache zu sagen, zum Wortlaut der vielen folgenden Dialoge. Sie wurden in Wirklichkeit meist in zwei Sprachen geführt: im memelländisch-ostpreußisch und westfälisch-kattenvenner Plattdeutsch, je nachdem wo. Sie, diese Dialoge, hier im Originalton aufzuschreiben, ist keinem Autor zuzumuten und keinem Leser zu verinnerlichen zu empfehlen. Ein paar Ausnahmen wird es dort geben, wo das Plattdeutsche sich dem Hochdeutschen annähert. Zum Beispiel: „Dat is nen unwiesen Kiärl“ gleich „Das ist ein dummer Kerl“ – „unwies“ lässt sich nicht mit „unweise“ übersetzen. Oder noch ein Beispiel: „Wat hev dat Wichtken fürn fiesen Waterkopp“ gleich „Was hat das Mädchen für einen fiesen Wasserkopf“. Man merkt schon: Es geht ländlich-sittlich aber rustikal-derb zu in dieser Biografie, hier wird nicht viel drumherum geredet. Auf geht’s also, um ländliche Originale und Käuze, zwei- und vierbeinige hauptsächlich, kennen- und lieben zu lernen!

Heimat und Herkommen – eine kleine Zeitreise zurück

„Nimmersatt". Unter diesem Stichwort verzeichnen gedruckte Lexika normalerweise zwei Begriffe: Erstens die Ibis- oder Storchenart *Mycteria ibis,* die sich tatsächlich wegen ihres unersättlichen Appetits den Namen erworben hat, und zweitens einen *Homo sapiens*, der „nimmer satt" zu werden scheint, wie viel und was er auch in sich hinein zu stopfen versucht; dieser Zeitgenosse taucht hauptsächlich auf Festivitäten auf, wo man gratis verpflegt wird – wir werden einige dieser Typen kennenlernen. Augusts, Krischans und Metas Geburtsdorf erwähnt heute kein Lexikon mehr, man muss schon im Internet Wikipedia aufrufen, um informiert zu werden. Nimmersatt, kurisch Nimersata geheißen, ist heute ein Ortsteil des litauischen Kurortes Palanga, der nördlich der alten Stadt Memel an der Ostseeküste liegt. Als Bestandteil des Deutschen Reiches galt es als nördlichste Ortschaft desselben, zur Provinz Ostpreußen gehörig, „wo das Deutsche Reich ein Ende hat". Die Niederlage des Ersten Weltkriegs brachte, wie allgemein bekannt, dem Reich einige Gebietsverluste, „es wurde von allen Seiten angeknabbert", und ein Kleinstaat wie Litauen, soeben aus Russland entlassen, fühlte sich stark genug, das Memelland zu annektieren.

Das Dritte Reich unter dem Heim-ins-Reich-Führer Adolf Hitler machte 1939 kurzen Prozess und holte das Memelland schnurstracks heim ins Reich. Jubel dort, natürlich, und alle Mitbürger Krischans und Metas jubelten mit. Freilich nur bis 1945, als der Kriegsausgang alles wieder umkehrte und das Gebiet zu Litauen geschlagen wurde, das seinerseits seine Freiheit verlor und Mitglied der Sowjetunion wurde. Dieser Zustand sollte nun für ewig gelten, doch mit dem Untergang der Sowjetunion konstituierte sich Litauen als unabhängiger Staat und behielt Nimmersatt nebst Umgebung für sich – hier freilich sieht es heute nicht gut aus.

* * * * *

Wir sind in Nimmersatt angekommen, man schreibt das Jahr 1930, als Krischan und Meta drei Jahre vor Adolf Hitlers Machtergreifung an ein und demselben Tag das Licht einer Welt erblickten, die uns Heutigen weiter entfernt scheint als drei Jahrhunderte. Ostpreußen war für die meisten Deutschen, vor allem die Rheinländer, eine exotische Gegend, für Berliner sogar eine Art von Exil oder Verbannung. Ab dem Jahr 1930 in etwa standen viele Menschen in Wartestellung, und man wartete überall in Europa und besonders in Deutschland auf bessere Zeiten und Zeitgenossen, die endlich ihre Versprechungen, „neue Paradiese für alle Menschen zu schaffen", Wirklichkeit werden ließen.
„Memelland?"
„Memelland!"
„Dort macht man das Licht mit dem Hammer aus."
„Da leben noch Pruzzen, Samen, Masuren und Tataren!"

Das klingt wenig schmeichelhaft, zumal durchaus nicht nur das elektrische, sondern auch Kerzen- und Petroleumlicht gemeint sind. Bis in die letzten Tage des Deutschen Reiches galt das von Köln überaus weit entfernte Ostpreußen allgemein als „Preußen" schlechthin, das für einen Beamten, dorthin versetzt, als abgeschoben galt. Konrad Adenauer, ein Rheinländer von altem Schrot und Korn, ließ, wenn er in seiner Eigenschaft als Oberbürgermeister seinen unmittelbaren Vorgesetzten, den preußischen Innenminister in Berlin, besuchen musste, ab Hannover die Vorhänge seines Abteils herunter ziehen, „weil ich die Öde der östlichen Gebiete nicht ansehen mag“ – was erst hätte er zum ländlichen Memelland gesagt?! So mag es ihm in der Nachkriegszeit leicht gefallen sein, alles Land östlich der Elbe preiszugeben. Obwohl die Provinz Ostpreußen als Kornkammer des Reiches galt, war es nicht so, dass die Landwirtschaft dort schon nennenswert technisiert war, Großbetriebe gingen zwar mächtig voran, aber Mittel- und Kleinlandwirte waren mehr auf Menschen als Maschinen ausgerichtet und angewiesen – je mehr Nachkommen, desto mehr billige Arbeitskräfte.

* * * * *

In den Städten machte der technische Fortschritt Riesenschritte voran: Elektrischer Strom, Kühlschränke, Herde, Bäder, Zentralheizungen, fließendes und abfließendes warmes und kaltes Wasser, Wasserklosetts, Tariflöhne, Tarifurlaub, Lebens- und Krankenversicherungen, Ärzte, Krankenhäuser und Schulen genug, „Automobile“ begannen die Pferde von den Straßen zu verdrängen und Dampfzüge ratterten von Bahnhof zu Bahnhof. Fabrikschlote qualmten und zeigten an, wo Arbeitskräfte gesucht wurden. „Dorthinten auf dem Land“ war vom sozialen Fortschritt wenig zu spüren – wir werden das kennenlernen!

Kleine und große Leute

Erdmute Abramowsky, Jahrgang 1910 und 1929 knappe 19 Jahre alt oder jung, war noch immer ledig und Jungfrau, schaute trübe aus der Wäsche und nebenbei um sich her, wo und wie ein Mannsbild aufzutreiben war. Sie war erste Tochter eines Nimmersatter Heuermannes, dadurch arm geboren und mit wenig Chancen versehen, einen Aufstieg zu schaffen. Heuerleute waren früher Zeitgenossen, die in Abhängigkeit größerer und großer Bauern lebten. So ein Bauer gab ihnen einen Morgen Land mit einem Heuerhaus darauf und erwartete dafür einen gewissen Packen Dienstleistungen in Form von bestimmten Arbeitstagen jährlich, die der Heuermann abzuarbeiten hatte, 50, 100 der 200 Tage im Jahr, meistens zur Ernte- und Ackerzeit. Die übrige Zeit hatte der Mann frei und konnte sie für den einen Morgen nutzen, den Garten bearbeiten oder nebenberuflich beim Förster, bei der Eisenbahn oder im Straßenbau tätig sein. War der Bauer human angehaucht, dann spendierte er noch zum Jahresschluss einige Deputate: Brennholz, Torf, Briketts, Kohle, einen Sack Kartoffeln, 50 Pfund Getreide, Runkel- und Futterrüben für die eine Kuh des Heuermannes und für die gehaltenen Kaninchen und andere essbare Haustiere. Dieses Arbeitsverhältnis „Bauer – Heuermann“ war durchaus kein sklavisches, allein die charakterlichen Eigenschaften der Vertragspartner bestimmten das Verhältnis; so konnte jeder sein Auskommen haben. Das Heuerverhältnis war nicht vererbbar und musste in Todesfällen neu verhandelt werden. Vier bis zehn Kinder galten in allen ländlichen Familien als normal, es wurde hin- und hergeheiratet, meist im angestammten Milieu, denn „Großagrarier“ waren überall in Europa stolze und oft hochfahrende Bürger, die manchmal nur durch so genannte Inspektoren mit ihren Bediensteten verhandelten. Erstaunt es uns da heute, dass für viele Menschen die Auswanderung nach Amerika Wunschtraum und Endziel war?

Beschreibt man eines der Heuerhäuser der Zeit, dann kennt man sozusagen alle anderen auch. Meist aus ostpreußischem Fachwerk im Weichbild des Hofes errichtet, boten sie ihren Bewohnern kaum mehr Komfort als den alten Germanen die Langhäuser. Was wir für die Stadthäuser und –wohnungen bereits als Luxus dargelegt haben, fehlte hier vollkommen: Strom, fließendes Wasser, zentrale Heizanlagen, Badezimmer, Klosetts heutigen Standards und so weiter. Trinkwasser wurde aus eigenem Brunnen mittels Handpumpe gewonnen, das heute in Museumsdörfern zu bestaunende Klohäuschen mit dem Herz in der Tür stand abseits des Hauses, so dass es nachts und wintertags eine Zumutung war, es aufzusuchen.

Darum gab es in jedem Schlafzimmer unterm Bett das Nachtgeschirr. Zynisch pflegten Städter zu bemerken, „die da an der Grenze sind so arm, dass sie nur einen Topf besitzen, der sowohl Kochtopf als auch Nachttopf ist“. Von der Haustür aus trat man meist direkt in die oft große ebenerdige Wohnküche, wo der Stangenherd stand, die steinerne Spüle mit Pumpenanschluss, ein Kannen- oder Küchenschrank fürs Geschirr, dazu als Ess- und Sitzgelegenheit ein massiver Tisch, der von Bänken und Stühlen umgeben war. Zu ebener Erde gab es ein unbeheizbares Schlafzimmer „für die Eltern“, ein weiteres ebensolches für die Großeltern und eine „Gute Stube“, die mit einem Kanonenofen zu beheizen war. Die Gute Stube – so arm konnte in Norddeutschland kein Hausbesitzer sein, dass er sie nicht einrichtete, denn es gab viele Feiertage im Jahr mit Besuchern, denen man etwas Vernünftiges bieten musste.

Von der Küche aus war die Diele zu betreten, die in größeren Bauernhäusern die Wohnstätte des Rindviehs und der Pferde darstellte. Die Heuerfamilie hielt indessen höchstens eine Kuh, kein Pferd, dafür Schafe, Ziegen und Schweine. Oberhalb der Ställe, also bereits im Obergeschoss mit Dachschrägen, wohnte in einer Hälfte das junge Volk der Nachkommen, Helfer und Helferinnen in Zwei-, Drei- und Vierbettzimmern direkt unter den Dachpfannen ohne jegliche Heizmöglichkeit. Die andere Hälfte nahm Heu und Stroh auf, das man zum Füttern und als Unterlage der Ställe benötigte. Auf die erwähnte Diele führte ein großes Tor, durch das auch Erntewagen passten. Dem gegenüber befand sich meist eine Scheune oder Remise und ein Schuppen, in denen Geräte, Handwerkszeug, Gartenwerkzeug, Karren oder gar eine Pferdekutsche untergebracht werden konnten. An eine Stirnseite, möglichst nach Süden zu, war ein Hühnerstall angebaut, daneben die Hundehütte, in der als Hofwächter ein Kettenhund angebunden war. Auf der anderen Seite des Hauses lagen der Garten und eine kleine Obstwiese, aus denen die Familie im Lauf der Jahreszeit ihr Gemüse und Obst bezog. So war ein Heuerhaus samt kopfstarker Familie ein Lebensraum für sich, in dem jedermann sein Auskommen besaß und einigermaßen zufrieden sein konnte.

Großbauer Erwin Worpenberg besaß drei dieser Heuerhäuser oder Kotten, wie sie auch genannt wurden, und legte Wert auf allgemeine Zufriedenheit, landauf, landab. Es ist zu bedenken, dass es derartige Abhängigkeitsverhältnisse in der ganzen Bundesrepublik Deutschland noch bis weit in die 50er-Jahre des 20. Jahrhunderts gab. Dann startete die Modernisierung der Landwirtschaft mit all ihren Vor- und Nachteilen. Für unsere hier besprochene Region allerdings überwogen die Nachteile, so dass heute Nimmersatt praktisch nicht mehr existiert.

* * * * *

Weil das Memelland seit 1919 zu Litauen gehörte, hatte seine Bevölkerung nicht viel davon, dass es im Deutschen Reich seit Mitte der 20er-Jahre sozusagen wirtschaftlich bergauf ging, und auch die politische Entwicklung im Reich tangierte die Bevölkerung kaum. Aber es interessierte die deutschstämmige Bevölkerung sehr, wie ein Mann vom Schlage eines Adolf Hitler, dem scheinbar alle „auswärtigen“ Deutschen am Herzen lagen, vorankommen würde. Doch eines hatten sie „von Herzen satt“: einen neuen Krieg. Wie alle Grenzvölker wünschten sie vor allem Frieden und Auskommen mit den unmittelbaren Nachbarn, komme was da wolle, die Schrecken des Weltkriegs dürften sich nicht wiederholen.

So dachte auch Erdmutes erste Eroberung namens Hartmut Krakowiak, ein Herr nobler bäuerlicher Erscheinung, von dem wir nur wissen, dass er Krischans Vater wurde und ein ziemlicher Hallodri war, der, nachdem er Erdmute geschwängert hatte, auf Nimmerwiedersehen und -hören aus Nimmersatt verschwand, ein Geist, der Gene hinterließ und einen Sohn, auf den er hätte stolz werden können. Wie geschah das? Wie war das damals möglich, ein solides Mädchen wie Erdmute zu schwängern und dann holterdipolter alleinzulassen? Nun, Gelegenheit macht

Diebe, heißt es im Volksmund so locker, und den Dieben verwandt sind Feiglinge, die nach einer Tat irgendwo untertauchen. Das ganze Unglück, das später zu Glück mutierte, begann auf dem Hof Worpenberg – wir folgen jetzt dem Geschehen!

* * * * *

Erwin Worpenberg, Vater zweier Söhne und Erdmutes Dienstherr, solange sie zu Hause im Kotten wohnte und arbeitete, hatte zur Hochzeit seines Sohnes und Hoferben Hansgeorg eingeladen, und nicht nur seine zahlreichen Anverwandten, sondern auch „alle, die für mich tätig sind“. Das war sehr nobel, nicht wahr? Freilich nicht für diejenigen Kreaturen, die ausersehen waren, dieser Hochzeit überhaupt Flair und Würde zu verleihen: ein halbstarkes Rind, drei kastrierte Masteber, fünf Puter, zehn Gänse oder Enten, ein Dutzend Hühner oder Hähne mussten sterben, damit andere leben konnten. Nie hätten diese durchaus anmutigen und zutraulichen Haustiere gedacht, zu Schnitzeln, Braten, Rouladen, Haxen, Frikassee und Suppen degradiert und in einer wüsten Fress- und wilden Sauforgie von dieser Erde getilgt zu werden.

Bevor wir auf dieses Epoche machende Ereignis Polangens eingehen, müssen wir erst zweier Teilnehmer näher gedenken, die für unsere weitere Geschichte ebenfalls Epoche machten: Da war die schon erwähnte und uns allmählich liebgewordene Erdmute Abramowsky und ihre Geschlechts- und Nachbarschafts-Heuerhausgenossin Edeltraut Hovestadt, Jahrgang 1911, kerlversessen wie sie und bald Mutter unserer Heldin Meta. Wenig vertraut mit der Hochzeitswelt der Großen und Reichen beschlossen sie,

Freundinnen seit Kindheitstagen, sich so schick zu kleiden, wie es ihrem Stand eigentlich nicht zukam. Sie wurden in diesen Kleidern leider nicht näher beschrieben noch gar fotografiert, gesichert ist nur, dass sich die männlichen Gäste und Besucher der Worpenbergschen Hochzeit, Burschen, Kerle, Mannsleute jeden Berufs und Alters zwischen 14 und 85, beim Anblick der beiden jungen Damen die Pfoten leckten, mit den Zungen schnalzten und alle jene Laute von sich gaben, die brunftige Herren der Tierwelt in Stall und Hof, im Wald und auf der Heide zu bestimmten Jahreszeiten von sich geben. Sie schlossen heimlich Wetten ab, dass Erdmute und Edeltraut diese Hochzeit nicht unbeschadet überstehen würden. So kam es dann auch, getreu eines memelländischen alten spaßigen Textes:

„Maid, gehst du zum Hochzeitsfest, nimm dich sehr in acht,
schon manche deinesgleichen dort zur Mutter ward gemacht.“

Dem Brauch folgend fand die kirchliche Trauung Hansgeorg Worpenbergs und Alwine Fahrenhorsts, in der Schulzeit „Anita Knatterschiss“ genannt, am frühen Nachmittag statt, so dass es kein Mittagessen, sondern ab 16 Uhr nur Kaffeetrinken, Kuchenessen und Abendessen gab. Weil über hundert Personen teilnahmen, hatte man den Festort von der Gaststätte John Karnowsky auf den Worpenbergschen Hof verlegt, bereits heimlich und argwöhnisch beäugt von litauischen Ordnungshütern, die etwas gegen festliche Zusammenrottungen der Deutschen einzuwenden hatten. Bei denen diese „fraßen und soffen“, ohne Rücksicht auf jene Bevölkerungskreise zu nehmen, die sich solche Dinge nicht leisten konnten. Bei diesem Kaffeetrinken, liebe Leserschaft, lernst du jetzt den ersten Nimmersatter Nimmersatt kennen, und zwar Pastor Hesekiel Horstmeier nebst Ehefrau Wilhelmine, die aus Termingründen jetzt dabei waren und sich fürs spätere Abendessen entschuldigten. Er hatte sich im Lauf seiner vielen Dienstjahre hier den Bei- und Spitznamen „Gulo“ erworben – *Gulo gulo* lautet der wissenschaftliche Name des nordischen Vielfraßes!

Die Augen gingen Hesekiel über, als die Hilfskellnerinnen, Ober und Kellner die Torten und Kuchen auftischten. Wir zählen die wichtigsten auf: Butter- und Streuselkuchen, Bienenstich, von übergroßen Platten stammend, Frankfurter Kranz, Butterkremtorte, Obsttorten der Jahreszeit, Napfkuchen, dazu für alle Gäste, die auf Süßes nicht sonderlich scharf waren, Stuten, Schwarzbrot und den dazu gehörenden Belag wie Butter, Schinken, Mett-, Leber- und Blutwurst und Rührei. Mit all diesen Leckersachen, worauf die meisten Deutschen zur Zeit verzichten mussten, waren die auf der Diele platzierten, im offenen Karree stehenden Tische bis kurz vorm Durchbiegen beladen. Auf der Kopfseite saß mittig das Brautpaar, links und rechts flankiert vom Ehepaar Horstmeier, an die sich die beiden Elternpaare anschlossen. An den Längstischen, beiderseits besetzt, tummelten sich in loser Rangfolge alle geladenen Gäste bis hinunter zu Erdmute und Edeltraut, deren Gegenüber, die späteren Väter von Krischan und Meta, in Wartestellung hockten. „Hocken“ ist durchaus richtig, denn sie machten den Eindruck permanenter Sprungbereitschaft: der schon erwähnte Hartmut Krakowiak und sein Kumpel Wolfgang Auf der Heide. Aber so viel diese vier lockeren Hochzeitsgäste auch herumflirten mochten, Star des Kuchenessens, das von 16 Uhr bis 17 Uhr 30 dauerte, war eindeutig Pastor Gulo.

Seine Frau Pastorin trat ihn unterm Tisch ans Bein, als er nach zehn Stück Kuchen das elfte nehmen wollte. Man muss hier bedenken, wie damals diese Stücke beschaffen waren: Nicht wie diese Minidinger, die heutzutage in Bäckereien und Cafés vertrieben werden. Zum Beispiel: Ein vom Backblech geschnittenes Stück Butterkuchen hatte das Format 25:6:5 Zentimeter, ebenso der artgleiche Streuselkuchen und Bienenstich. Eine Torte wird heute, auch gern gesehenen Gästen gegenüber, von der Hausfrau in zwölf Stücke zerteilt, hier an diesem historischen Kuchentisch in nur acht. Die Scheiben des Frankfurter Kranzes waren zweieinhalb Zentimeter dick, natürlich mit echter Butter gemacht und nicht wie heute oft mit Bäckerfett. Niemand hat damals ausgerechnet, wie viel Kalorien sich auf den Tischen versammelt hatten, es wurde in die Mäuler gestopft, bis die Speiseröhre die Zufuhr verweigerte. Pastor Gulo bekam von seiner Frau zehn Fußtritte verpasst, da hatte er zwanzig Stück Kuchen verputzt, faltete fromm die Hände, schwitzte wie ein Spanferkel, rülpste wie Dr. Martin Luther und konnte nur mühsam jenen krachenden Pup unterdrücken, der zu Hause das Ende seiner Fressorgien einzuläuten pflegte..

* * * * *

Erwin Worpenberg hatte vorher kalkulierend überschlagen, dass er bei hundert Gästen mit tausend Stück Kuchen auskommen müsste – das gelang soeben, denn nicht alle waren klerikale Fresser und besonders die städtischen Gäste aus Memel, Polangen, Tilsit und Königsberg waren ziemlich untrainiert. Erdmute, Edeltraut, Hartmut und Wolfgang aßen zusammen nur zwanzig Stücke Kuchen in der weisen

Voraussicht, dass sie in ihren Mägen noch Platz für das Abendessen lassen müssten. Sie hatten inzwischen eine richtige Viererclique gebildet, die zum weiteren Gedeihen gute Hoffnung gab. Es war Sitte, dass sich die Gäste, außer den Stubenhockern und Kartenspielern, im Weichbild des Hofes ergingen, Hof, Garten, Ställe, Vieh, Gehölze, Weiden und Äcker in Augenschein nahmen, Beziehungen knüpften, austraten und sonstwie die Verdauung förderten. Unser 2:2-Quartett machte keine Ausnahme. Beutelustige Jünglinge, die sich an Erdmute und Edeltraut heranmachen wollten, wurden allein durch das Mienenspiel Hartmuts und Wolfgangs in die Schranken verwiesen und setzten ihre Hoffnungen fortan auf das Tanzvergnügen, welches nach dem Abendessen stattfinden sollte.

Das Brautpaar erholte sich indessen in der Guten Stube und bereitete sich auf die lange Nacht vor, die durchtanzt werden musste, ehe es sich zur kurzen Hochzeitsnacht zurückziehen durfte. Brautleute von damals waren durchaus in der Mehrzahl Jungfrauen und „Jungmänner", zwar nicht ohne jegliche sexuelle Aufklärung, weil sie ja Vermehrungstätigkeiten in Haus und Hof beinahe täglich vorgeführt bekamen, aber vom eigentlichen Vorgang hatten sie übertriebene Vorstellung – weil ihnen von Klerikalen, Eltern, Großeltern, Tanten und Onkels vorgegaukelt worden war, „die Hochzeitsnacht ist der Höhepunkt eures Daseins und eurer Lebensfreude, wer sie nicht erlebte, hat nicht gelebt".

Am Wendepunkt des Spaziergangs, auf dem die Mädchen sich von den Männern etwas getrennt hatten, oder umgekehrt, sprachen Erdmute und Edeltraut flüsternd über die Nacht, die dem Brautpaar bevorstand. Schauer durchliefen sie schaudernd, ihre Körper prickelten, ihre Busen hoben und weiteten sich mehr als angemessen, Gefühle nahmen sie wärmend und heiß ein, die sie nur an manchen Abenden vor dem Schlafengehen pflegten. Und sie mussten sich ernsthaft zusammenreißen, um vor den beiden Herren, die ihnen wie Dorfköter folgten, nicht wie alberne Gaken zu erscheinen. Und Hartmut und Wolfgang? Hartmut, ein Schurigel, war nur auf Abenteuer aus, aber Wolfgang war innerlicher und konnte sich gut vorstellen, dass Edeltraut „ne Sache fürs ganze Leben war“. Sie kehrten kurz vor 20 Uhr zum Hof Worpenberg zurück, aus dem bereits jene Musik erklang, durch ein ortsansässiges Quintett erzeugt, welche das Abendessen begleiten und später zum Tanz aufreizen sollte.

* * * * *

Die heutige raumzerplatzende und Ohrenschmalz zum Kochen bringende Musik war damals noch unbekannt. Um 20 Uhr, als das Brautpaar Platz genommen hatte und ehe die Suppe aufgetragen wurde, stimmten alle das neue „Memelland-Lied“ an, den litauischen Okkupanten zum Trotz und ärgerlich in den Ohren. Es lautet:

Kiefernwälder rauschen über Land und Moor,
und aus tiefen Sümpfen bricht der Elch hervor.
Das ist unsere Heimat, das ist unser Strand,
das ist unser, das ist unser liebes Memelland.

Nehrungselche heben wuchtig ihr Geweih.
Unser junges Leben zieht daran vorbei.
(Refrain)

Stolze Bauern pflügen, wuchtig ist ihr Schritt,
und von grünen Wiesen tönt der Sensen Schnitt.

(Refrain)

Arbeitsame Menschen beten in der Not:
Gib uns, Herr, den Frieden, gib uns Fisch und Brot.
(Refrain)

Einige Gäste waren begnadete Sänger, andere brummelten nur mit, viele kannten das Lied noch gar nicht. Erwin Worpenberg, an Querelen mit den Behörden wenig interessiert, hatte befohlen, dass „Deutschland, Deutschland über alles..." nicht gesungen oder intoniert werden dürfe. Stattdessen spielte die Kapelle nun, während die Hühnersuppe aufgetragen wurde, „Land der dunklen Wälder" sehr gefühlvoll und „Ännchen von Tharau" zum Herzerweichen. Plötzlich Gläserklopfen, die Musik verstummte, und in Ermangelung klerikalen Beistands übernahm der Bräutigam es, Gott im Voraus zu danken:

„Segne, Vater unsere Speise,
uns zur Freud und Gott zum Preise".

Hühnersuppe! Bäuerliche Hühnersuppe!! Was uns heute in Drei- bis Fünfsternerestaurants unter dem Namen serviert wird, hat mit der Nimmersatter Hühnersuppe von 1929 kaum etwas gemein. Es waren keine Drei- bis Fünfsterneköche, die sie entworfen und hergestellte hatten, nein, nur Köchinnen und Hausfrauen vom Ort! Aber welche Gefühle des Wohlgefallens und geschmacklicher Harmonie taten sich nun in allen Mündern und über allen Zungen auf! So, dass sogar Nimmersatts Schnatterliese Nr. 1, Bernhardine Piepenbrink geheißen, ihr loses Maulwerk verstummen ließ und nur noch hingebungsvoll schmatzte, schlürfte und lautlos löffelte. Am untersten Tisch, dort, wo unsere beiden Liebespärchen in Spe saßen, hockten auch Kater Mucky und Hofhund Mopsi, dicke Freunde seit altersher, und wurden heimlich mitgefüttert, ohne dass die Köchin es merkte.

Nach der Suppe wurde aufgetragen: Nämlich die vorgestern und gestern hingerichteten Haustiere, durch fleißige Küchenhände verwandelt in Braten, Schnitzel, Koteletts, Rouladen, Bratwürste und Gulasch derart verlockend, dass auch bessere Leute mit gutbürgerlichen Tischsitten reineweg aus dem Häuschen gerieten. Zum Fleisch braune Soße, Salzkartoffeln und breite Bandnudeln, dazu als Gemüse Rotkohl, Erbsen und Möhren, Butterböhnchen und Spinat zur Auswahl. Eine Salatmischung aus Blattsalat, Radieschen, Tomaten, Äpfeln, Gurken, Zwiebeln und geschnitzeltem Rot- und Weißkohl rundete das Menü perfekt ab. Wer jetzt noch schwatzte, schäkerte, flirtete oder anderen Unfug trieb, der war kein Gourmet!

Am Gourmettisch dürfen Getränke natürlich nicht fehlen. Selbst der oberste Tilsiter Saufkumpan Ulrich Uhlenbrock, ein Mann, der nach dem Motto „He süpp alles, wat natt is“ lebte, wirkte und arbeitete, musste zugeben, noch nie so gut und ausgiebig bedient worden zu sein: mit fünf Weinsorten zwischen Weiß und Rot, Tilsiter, Königsberger, Nehrunger und Memeler Bier, Berliner Weiße, so genannte „Kurze“ und Kognak auf Befehl Worpenbergs freilich rationiert, Selterswasser, Brause, Limonade, Brombeer-, Sanddorn- und Himbeersaft, warme Milch für Kinder und Gesundheitsbewusste. Alle diese in Massen aufgetragenen Leckereien verschwanden in hundert Mündern, Mäulern, Mägen und Gedärmen, als ginge es um ein Wettessen. Als die erste Gier befriedigt war, stimmte der Gitarrist der Kapelle, ein derber Zweizentnermann namens Hugo Lindemann, mit toller Gorillabrust und einer Stimme begnadet, die durchaus in Bayreuth hätte mithalten können, das „Lied der Lieder“ an, welches noch heute in ungezählten Fassungen um den Erdball eilt; gedichtet hat es Martha Müller-Grählert, vertont hat es Simon Krannig:

Wo des Haffes Wellen trecken an den Strand,
wo de gäle Ginster bleucht in'n Dünensand,
wo de Möwen schriegen grell in't Stormgebrus,
dor is mine Heimat, dor bin ick to Hus.

Wir verkneifen uns hier die weiteren Strophen und weisen darauf hin, dass das Original **„Wo die Ostseewellen trecken an den Strand...“** lautet und dass statt **Ostseewellen** heute meist **Nordseewellen** gesungen wird. Während des Absingens dieser stimmungsvollen Hymne brachten einige Gäste es fertig, gleichzeitig zu schunkeln und zu essen, während andere, tief ergriffen, Tränen in Wein- und Biergläser tropfen ließen. Inzwischen fingen oben an den Nobeltischen die Mädchen an abzuräumen, denn der Nachtisch stand noch an, auf den besonders Kinder und alte Leute ziemlich scharf waren. Hansgeorg, der Bräutigam, war jedoch der Meinung, schon jetzt dem Herrn danken zu müssen:

„Danket dem Herrn, denn er ist freundlich
und seine Güte währet ewiglich.“

Aufgefahren wurden nun: Vanille- und Schokoladenpudding mit Soßen, Rote Grütze mit Sahne, eingemachte und leicht angewärmte Pfirsiche, Birnen (Sorte „Klapps Liebling“), Mandelschnitten mit Honig und sogar Eiskreme verschiedenen Geschmacks, was damals nicht so leicht zu machen war wie heute. Der Renner aber war Helga Piepenbrinks extra für diesen Ehrentag erfundenes „Masurenschlemmerli“. Man nehme:

Magerquark, Apfelsaft, Zucker, eine Prise Salz, Vanillezucker, Obst der Saison. Der Quark wird mit so viel Apfelsaft solange gerührt, bis er schön glatt geworden und nicht mehr steif und trocken ist. Zucker und Vanillezucker sowie die kleine Prise Salz nach Geschmack zugeben. Im Keller (heute im Kühlschrank) auskühlen lassen und zum Essen mit kräftig gezuckertem Obst, hier eingemachte Stachel- und Johannesbeeren, servieren.

„Dunnerlittchen!“, sagten Hartmut, Erdmute, Wolfgang und Edeltraut unisono, „da könnte man sich ja richtig drin wälzen.“

Im Übrigen sah man diesen vier jungen Leuten deutlich an, wo und worin sie sich am liebsten wälzen würden. Die anderen sechsundneunzig Gäste feierten noch einmal eine Orgie im Schmatzen, Rülpsen, Schlürfen und Schlabbern, ehe sich alle zu erheben hatten und Gelegenheit bekamen, sich draußen die Füße zu vertreten, dabei auszutreten und sich die kommenden Stunden des Frohsinns und der Gemütlichkeit zu rüsten. Denn die Diele wurde nun von den meisten Tischen und Stühlen freigeräumt, der Zementboden der Diele wurde mit Häcksel bestreut und die Musikanten begannen sich auf Tanzmelodien und Hops- und Schunkelweisen einzustimmen. Wie vielleicht schon zu Pruzzenzeiten üblich eröffnete das Brautpaar den ersten Tanz, ehe nach und nach andere Pärchen einschwenkten. Was kaum einer der Gäste für möglich gehalten hatte, nämlich dass Hansgeorg und Alwine flotte langsame und normale Walzer und all jene Tänze, die damals Mode waren, aufs Dielenparkett legen konnten, trat aber ein. Warum sollte das etwas Besonderes sein? Nun, Hansgeorg war ein kapitaler Memelländer mit Wikinger- und Warägerblut in den Adern, wog satte hundert Kilogramm, war ein Meter

neunzig groß, trug in der Arbeitskluft Holzschuhe Größe 50 und konnte mit bloßen Fäusten einen Bullen, an den Hörnern gepackt, zu Boden zwingen. Alwine brachte natürlich in all diesen Angaben weniger zustande und auf die Waage, aber wo sie im Garten und auf dem Acker hintrat, gab jedes Unkraut wie Mohn- und Kornblumen, Wegerich, Löwenzahn (Pissblume), Knöterich, Melde und dergleichen sofort jedes weitere Wachstum auf.
„Ja", hatte der Pastor neulich gesagt, „hier hat der unermüdliche und zu jeder Schandtat aufgelegte Amor zwei Volltreffer gelandet!"

* * * * *

Hansgeorg und Alwine glitten, schwebten, huschten und flogen über Häcksel und Zement, als ob sie, be- und entseelt, dem siebten Himmel zueilten, den Querelen dieser Erde und den politischen Verhältnissen des Daseins entkommen wollten. Handelten sie instinktiv? Ahnten sie etwa, was alles fünfzehn Jahre später über ihre Heimat hereinbrechen sollte? Natürlich nicht! Niemand konnte das ahnen, auch der Verursacher des Unheils, 1889 in Braunau am Inn geboren, konnte 1929 nicht soweit vorausdenken.

Unsere beiden Paare hatten sich, es war 21 Uhr und draußen dunkel geworden, schon müde getanzt, da machte die Kapelle Musik- und Tanzpause, um allen Gästen Gelegenheit zum Atemholen, Füßevertreten und Schmusen zu geben. Für die Unersättlichen und ewig Hungrigen wurde auf einem Beistelltisch eine Gourmetspezialität angeboten, die es in sich hatte. Man nehme:
Hartweizengrieß, Milch, Zucker, Zimt, eine geriebene Zitrone, Butter, Mehl und Salz. Man rühre an und koche:

Einen steifen gesüßten Grießbrei, dem die geriebene Zitrone untergerührt wird, und füge zwei Prisen Salz hinzu. Man fülle den Brei in eine längliche Kuchenform und lasse ihn in ihr erkalten, so dass ein fester, schneidfähiger Brei entsteht. Diesen schneide man wie Brot in Scheiben, die in Mehl gewälzt werden müssen, damit sie beim anschließenden Braten in einer gusseisernen Pfanne in Butter schön braun und knusperig werden. So kommen sie heiß auf den Teller und man kann sie mit Zimt und Zucker bestreuen und, je nach Geschmack, mit Obst garnieren. Sie heißen „Tilsiter Grießschnitten".

„Guten Appetit" musste hier nicht gegenseitig gewünscht werden...

* * * * *

Die beiden Schelme Hartmut und Wolfgang waren kein Risiko eingegangen und hatten das Umfeld des Haupthauses bereits intensiv erkundet. Dort, neben der großen Scheune in einer nicht abgeschlossenen Remise, standen zwei Kutschwagen, die für Überlandfahrten und sonntags zu Kirchenbesuchen genutzt wurden. Kinder spielten hier oft Verstecken, Ratten und Mäuse tummelten sich bei ihren Balzzeremonien in ihnen, und manchmal balzten auch Zweibeiner auf den mit Samt bezogenen Sitzen. Weil Erwin Worpenberg heute eine erste Hochzeitsfeier ausrichtete und darin wenig Erfahrung besaß, hatte er vergessen, die Remise abzuschließen. Um 22 Uhr 30 legte die Musik die zweite Pause ein, und zeitgleich äußerten nun Erdmute und Edeltraut ihren Begleitern gegenüber, mit denen sie ausnahmslos getanzt hatten:

„Verdammt heiß hier auf der Diele."

Hartmut und Wolfgang fanden das auch, öffneten Hemd und Kragen und schlugen vor:
„Lasst uns nach draußen gehen."
Ja, die Luft war freilich kühler als gedacht, auch schien es bald regnen zu wollen, so dass Hartmut riet:
„Wir müssen ein Dach überm Kopf haben."
Wie zufällig entdeckte Wolfgang die Remise, öffnete die Tür und stand einem jungen Paar gegenüber, das hier soeben mit derselben eindeutigen bevölkerungspolitischen Absicht eingedrungen war, die auch unsere beiden Pärchen beherrschte. Ruckzuck hatte er es am Wickel und schubste es unsanft und drohend mit „verduftet hier" nach draußen. Erdmute und Edeltraut, vorhin während der Tänze noch fest zum sich anbahnenden erotischen Abenteuer entschlossen, bekamen nun „Muffensausen" und „Röckeflattern", man sagte dazu auch „das Herz rutscht in die Hose". Aber ehe sie kneifen oder sich entschließen mussten, „jetzt oder nie", griffen ihre beiden Kavaliere herzhaft zu und in nullkommanix befanden sie sich in der dämmerigen, keineswegs anheimelnden Remise. Hartmut legte innen den Riegel vor, öffnete die Tür der vorderen Kutsche und hob in einer eleganten und schwungvollen Bewegung Erdmute hinein; ähnlich verfuhr Wolfgang mit Edeltraut.

Liebe Leserschaft, wenn das, was nun in den beiden Kutschen geschah, dir geschehen würde, würdest du auch nicht darüber sprechen oder schreiben! Es war das uralte, zwingende Ritual der Menschheit, wie es trillionenmal schon stattgefunden und sich bis heute überaus vorteilhaft bewährt hat: Länder übergreifend, Bestand sichernd und auf eine Zukunft weisend. Es soll auch, wie es heißt, Freude bereiten, aber hier können wir nicht sicher sein, denn schließlich waren Erdmute und Edeltraut so genannte unbeschriebene Blätter und natürlich auch unerfahrene Jungfrauen; sie waren sich nicht einmal über mögliche Folgen im Klaren. Diese Folgen sind im Großen und Ganzen für das vorliegende Abenteuerbuch verantwortlich.

* * * * *

In der einen Schäferstunde, bis Erdmute, Edeltraut, Hartmut und Wolfgang wieder auf der Diele erschienen und sich in die tanzende Menge einfügten, hatte der Höhepunkt der Feier stattgefunden. Gesittete und ehrwürdige Teilnehmer, wie das Brautpaar und ihr Anhang, hatten sich bereits zurückgezogen und das Tanzfeld jenen Zeitgenossen überlassen, die aus jeder Feier, heute Party genannt, ein Spektakel, heute Event genannt, zu machen wussten.

Da war zum Beispiel Kuhlmanns Anna, 46, eine Witwe im Wartestand, die noch immer auf ihren Ehemann wartete, der vor fünf Jahren abends geäußert hatte, „ich gehe mal kurz zum Briefkasten“, und seither „nimmer gesehen ward“, also vermisst wurde. Alle Aufforderungen potentieller Freier, ihn für tot erklären zu lassen, lehnte sie mit dem Argument, „nur wenn er tot aufgefunden wird“, rigoros und konsequent ab; dennoch blieb sie lebenslustig – wir werden später noch von ihr hören und lesen. Einer ihrer Hauptbewerber, ein Klotz von Kerl namens Hinnerk der Starke, der während einer tollen Treibjagd voriges Jahr einen Dreihundertpfundkeiler mit einem wenig ruhmreichen Fußtritt in die ewigen Jagdgründe beförderte, hatte Anna nun in der Mangel, das heißt zwischen seinen Pranken und Pfoten. Ein Ruck, und er hätte sie, die nur hundert Pfund wog, zerquetschen können!

Aber nein: Anmutig wie ein Höfling Ludwig des Vierzehnten und galant wie eine Zofe Montezumas schwebte dieses Paar im Takt eines memelländischen Menuetts übers Häckselparkett, so dass alle Zuschauermäuler sperrangelweit offenstanden und damit das Mangelhafte heimischer Gebisse offenbar wurde. Als die Kapelle, durch die allgemeine Begeisterung angefeuert, von „Menuetto" auf „Allegro con brio" überging, konnte Anna das Fliegen lernen: August warf sie meterhoch fast bis an die Dielendecke in die Luft und fing sie auf, als wäre er Fußballtorwart. Anna quiekte dabei wie ein Ferkel beim Kastriertwerden und zeigte natürlich ihre umfangreiche Unterwäsche und die bisher ungesehene Wohlgestalt ihrer Gehwerkzeuge.

Hofchef Worpenberg, der ja wusste, dass hier so gut wie keine Person kranken- oder unfallversichert war, fürchtete, für etwaiges Unglück an die Kandare genommen zu werden und verbot kraft seiner bäuerlichen Autorität derartige Tanzauswüchse. Und er rief, weil es inzwischen über Mitternacht war, die Kapelle zum Abschlusstanz auf. So geriet Johannes Brahms mit dem langsamen Walzer „Guten Abend – Gute Nacht" zu letzten Ehren, den alle mitmachten und der besonders unseren beiden Pärchen als Schmusewalzer zustatten kam. Er versöhnte Erdmute und Edeltraut mit diesem denkwürdigen Fest ein wenig, denn im Gegensatz zu Hartmut und Wolfgang hatten sie wenig Freuden erlebt – so ist das nun einmal, wenn man Jungfräulichkeit allzu lange ausdehnt im Leben!

Sie ließen sich von ihren Herren nach Hause bringen und fielen dort so müde ins Bett und in Schlaf, dass sie keine abschließenden Gedanken zum Tag aufbringen konnten. Wir wollen hier, liebe Leserschaft, ein wenig der Zukunft vorgreifen und Glück und Unglück als Bilanz verraten.

Erstens: Erdmute sah ihren Hartmut nie wieder. Zweitens: Erdmute Abramowsky und Edeltraut Hovestadt wurden Freundinnen fürs Leben, echte, unverbrüchliche und konsequente sogar! Wir werden es erleben. Zum Schluss der Feier kam Rappe Augusta, (wir erinnern hier an sie), Großmutter, eine mittelprächtige dunkelbraue Stute, noch zum Einsatz, indem sie Gäste heim transportieren musste, die unsicher auf den Beinen standen. Sie hatte bisher schon einige von unterschiedlichen Vätern stammende Fohlen geboren, die stets gut ausfielen und zeigten, dass sie eine Vererberin gut veranlagten Nachwuchses war.

Eine Reise ins Reich

Erwin Worpenberg zeigte sich spendabel und spendierte dem jungen Paar eine mehrwöchige Reise ins Deutsche Reich, nachdem er seinem Sohn bereits zur Verlobung den ersten preußischen Führerschein Nimmersatts geschenkt hatte. Und weil Alwines Vater in Memel, neben seinem Beruf als Landmaschinenschlosser, auch Opelvertreter war, kaufte er sich selbst und seiner Familie das erste „Automobil“ Nimmersatts, den neuen Opel 4 PS, genannt „Laubfrosch“; es war das erste in rationeller Fertigung hergestellte Auto in Deutschland. Erwin Worpenberg war Deutscher durch und durch, natürlich, und sehnte nichts mächtiger herbei als die Rückkehr seiner Heimat „nach Deutschland“, wie er es kategorisch, aber durchaus nicht aggressiv ausdrückte. Wie allen „Grenznahen“, wir erwähnten es bereits, waren ihm Kriege und Kriegstreiber verhasst wie die Pest, aber für alle Seinesgleichen war das Deutsche Reich ein unbeirrbares Vorbild. Er selbst, Erwin Worpenberg, hatte keine Lust auf die lange umständliche Reise, da war es wohl richtig, junge Leute einmal die große Welt schnuppern zu lassen.

Was war los im Deutschen Reich, als sich Hansgeorg und Alwine, etwas mulmig im Bauch, zur Reise fertig machten und sich „automäßig“ ausstaffierten?
„Das wird ein gefährliches Abenteuer“, unkte die Familie und orakelten die Dorfleute, „nehmt doch besser Kutsche und Pferdegespann, da weiß man was man hat.“
Von Berlin aus gesehen lebte man weit weg in Ostpreußen und im Memelland, und obwohl diese Landschaften einen weiten Horizont aufweisen, war der Horizont ihrer Bewohner alles andere als weitläufig. Man fühlte sich vernachlässigt, vergessen, gar verraten und verkauft. Da kam ein Mann wie Paul von Hindenburg, 1925 zum Reichspräsidenten gewählt, gerade recht, Soldat von echtem Schrot und Korn, Ostpreuße gar, integer und unbestechlich, parteilos und wachsam über all den Parteileuten stehend, die nach Macht und Vermögen gierten. Er würde, glaubte man, ein gutes Gegengewicht zum Räuberhauptmann Adolf Hitler sein, der, das war allerdings Männern wie den Worpenbergs sehr sympathisch, ein Herz für Landwirte zu haben schien.
„Hört und seht euch einmal um im Land Hindenburgs!“
Sagte Erwin Worpenberg seinen Kindern, als er sie auf dem Hof in den Laubfrosch und dieser sich knatternd und stinkend in Bewegung setzte und riet, in der Hauptstadt Königsberg zum ersten Mal zu übernachten.
„Machen wir, Papa, gehabt euch alle wohl!“
Königsberg! Die erste Weltstadt auf dem Weg ins Reich. Auch Ostpreußen war, wie dies Hansgeorg und Alwine erst jetzt bewusst wurde, vom Reich durch einen polnischen

Korridor getrennt und damit höchst verletzlich geworden. Sie erfuhren hier aus Gesprächen, dass Ostpreußen schon 1918 russisch geworden wäre, wenn das Zarenreich zu den Siegern des Weltkriegs gehört hätte. Darum war man hier höchst zufrieden, dass offensichtlich niemand in Königsberg, Berlin, München, Köln oder Hamburg daran dachte, zwecks Vereinigung mit dem Reich einen Krieg anzufangen. Niemand? Gesprochen und geschrieben wurde freilich darüber, in einem gewissen Buch, das mehr gekauft als gelesen wurde, geisterte der gar nicht neue Begriff „Großdeutschland" umher und fand zunehmend Anhänger.

Unsere beiden Memelländer bestaunten erregt und manchmal konsterniert das städtische Leben in der alten preußischen Königsstadt. Mehr Automobile als Pferdefuhrwerke! Wenig Militär. Straßen voller Menschen, die wie fleißige Ameisen undefinierbar hin- und hergingen. Märkte und Läden voller Waren. Schüler, Studenten, Reiche und Arme. Hier erfuhren sie, dass es besser sei, per Schiff ins Reich zu fahren statt durch den Korridor, auch sei es besser, Danzig nicht zu besuchen.

„Dort", sagten Bürger in seltsamen braunen Uniformen mit roten Armbinden und einem Hakenkreuz darauf, „sind die Polen ziemlich frech. Wir werden dereinst mit ihnen abrechnen, klar doch, aber jetzt ist es noch nicht so weit."

* * * * *

So setzten die Worpenbergs und ihr Laubfrosch mit dem Schiff von Königsberg nach Stettin über, ebenfalls eine große Hafenstadt. Sie machte einen schier überwältigenden Eindruck auf unsere unerfahrenen Landkinder, die bald schon begriffen, noch ehe sie in Berlin ankamen, dass nicht

Landleute und Bauern das Leben im Reich bestimmten, sondern so gut wie vollkommen all die Stadtmenschen rundum hier.
„Klar“, kommentierte Alwine, „wenn allein in einer Stadt mehr Menschen wohnen als im früheren Landkreis Memel zusammen.“
Sie erfuhren von niedrigen Gehältern und hohen Mieten, ein noch heute sehr aktuelles Problem Auch von reichen Fatzken und armen Schluckern, die sich die hier zahlreichen Errungenschaften des modernen Lebens wie Autos, Wohnungseigentum, Kino- und Theaterbesuche, Konzerte und Reisen gar nicht leisten konnten. Bettler an den Straßen:
„Hippe krank und Frau kaputt, ganzer Stall voll Jammer!“ Jammerte ein undefinierbarer Mann auf dem Bürgersteig. Ziegen heißen landläufig Hippen. Bettler an den Straßen kannten unsere beiden Nimmersatter noch gar nicht, aber sie sahen, wie Passanten ihnen einige Münzen in die Mütze warfen und machten diese Wohltaten nach.

Hansgeorg hatte sich inzwischen ordentlich mit dem Laubfrosch eingefahren und beherrschte das Straßenleben der Großstadt, - das natürlich mit dem heutigen kaum noch etwas gemein hat -, in seiner ruhigen, verlässlichen bäuerlichen Art und Weise.
„Diese Straßen hier!“, stellte Alwine überwältigt fest.
Doch auch für diese galt, aus unserer heutigen Sicht, das eben Gesagte: Sie steckten noch in den Kinderschuhen modernen Verkehrs. Da war es wohl besser, mit dem Auto auf den festen Straßen zu bleiben. Noch ehe sie die Strecke nach Berlin hinter sich gebracht und alle möglichen Sehenswürdigkeiten der Uckermark genossen hatten, sprach

Alwine aus, was ihr seit Tagen wie ein Königsberger Klops im Halse steckte:
„Hansgeorg, lass uns für endgültig ins Reich ziehen."
Der Angesprochene war gelassen genug, nicht plötzlich das Gas wegzunehmen und abrupt auf die Bremse zu treten, Hansgeorg steuerte den nächsten Parkplatz an, sie stiegen aus und setzten sich auf eine Bank.
„Und wie stellst du dir das vor?"
Die Herbstsonne schien und wärmte angenehm, Alwine, die gestern eigentlich „ihren Tag" hätte haben müssen, lehnte sich an seine Schulter und erklärte:
„Wenn ich an unsere Kinder denke und mir vorstelle, hinter welchem Mond sie bei uns zu Hause leben müssten, wird's mir ganz grauslich."
„Unsere Kinder?"
„Ja, das erste scheint unterwegs zu sein, mein Lieber."
Alwine war, im Gegensatz zu Erdmute und Edeltraut, zwar auch noch bis zur kürzlichen Hochzeitsnacht unbefleckt, - wie ahnungslose und abergläubische Geistliche gerne laut oder leise zu sagen pflegen -, aber kein unbeschriebenes Blatt mehr und wusste um die Funktionen der menschlichen Fortpflanzung sehr gut und gründlich Bescheid. Machen wir ein Intermezzo und lassen wir jetzt einmal das Hochzeitspaar hier im fernen und lauten Berlin allein und kehren wir ins Memelland zurück, wo sich Erdmute und Edeltraut über ein für sie höchst aktuelles Thema unterhielten.

* * * * *

Sie saßen nach getaner Arbeit, wie Hansgeorg und Alwine auch, auf einer Gartenbank und starrten gedankenverloren in die Ferne.
„Ich glaube“, sagte Erdmute, „ich bin schwanger.“
„Ich glaube“, sagte Edeltraut, „ich bin schwanger.“
Ihr Schweigen unterstrich die Bedeutung der beiden Sätze. Erdmute ließ dann gewisse Hoffnungen aufkeimen:
„Es heißt, dass, wenn einmal die Regel ausbleibt, noch nicht aller Tage Abend sei.“
(Sehr kultiviert ausgedrückt, nicht wahr!)
„Mein Vater sagte einmal“, sagte Edeltraut, „dass nicht jeder Schuss ein Treffer sei.“
(Ihr Vater war Scharfschütze im Weltkrieg.) Liebe Leserschaft, wenn jetzt der Eindruck entstanden ist, unsere beiden Damen sähen einer Schwangerschaft voll Schrecken entgegen, so ist das ein Irrtum: Nichts hatten sie ja mehr gewollt als das! Nichts wollten sie auch mehr, als den beiden Vätern eine freudige Nachricht zu überbringen. Allerdings, und das war der berüchtigte Wermutstropfen der Geschichte: Hartmut hatte die Erdmute seit der Kutschennacht gar nicht mehr, Wolfgang seine Edeltraut nur einmal kurz besucht. Das war, ganz klar, kein Kavaliersverhalten! Erdmute und Edeltraut nahmen sich jetzt vor, keine schnöden Spielverderberinnen zu sein, sondern noch einen guten Monat zuzuwarten und dann, wenn Gewissheit bestand, den Dank für ihre Liebesdienste einzufordern – da war das junge fahrende Brautpaar Worpenberg bereits am Ziel angelangt.

Jetzt saß dieses in einem Berliner Restaurant und nahm den Gesprächsfaden wieder auf, der am Nachmittag abgerissen war.

„Du hast doch“, sagte Alwine zwischen zwei Happen Gulasch, „wenn ich mich nicht irre, wenig Lust an der Landwirtschaft in Litauen?“
„Vielleicht wird unsere Heimat bald wieder deutsch“, antwortete Hansgeorg zwischen zwei Kartoffeln.
„Vielleicht ist mehr als ungewiss“, sagte Alwine, „und wenn es durch Krieg geschieht, ist da der Ofen aus, oder nicht?“
„Das ist er dann wohl“, antwortete Hansgeorg, „dann sitzen wir zwischen Litauern, Russen, Polen und Deutschen und werden zerrieben.“
Als Grenzleute wussten sie, wie so ein Vorgang aussieht und wünschten sich natürlich nichts sehnlicher als Frieden. Alwine, als Triebkraft einer etwaigen Auswanderung, hatte mit ihren Verwandten im Memelland sowieso wenig am Hut, erinnerte ihren Mann nun an fast längst Vergessenes:
„Hat eure Familie nicht noch gleichnamige entfernte Verwandte im Westen des Reiches?“
„Ja“, erinnerte sich Hansgeorg selbst, „da sollen im Tecklenburger Land nahe Osnabrück noch einige Worpenbergs wohnen, ebenfalls Bauern, Großbauern sogar, aber mein Vater kennt sie nicht mehr.“
Alwine nickte zufrieden, glaubt sich ihren Vorstellungen näher gekommen zu sein. Sie kramte die Karte Deutschlands aus der Handtasche. Und nun geschah etwas, das kein Mitmensch den beiden Landleuten je zugetraut hätte: Sie studierten und suchten und suchten und studierten, bis sie diese Riesentour gefunden und ausgeknobelt hatten, wir listen sie auf:

* * * * *

Von Berlin auf der Reichsstraße 1, kurz Eins genannt, bis Potsdam, Brandenburg, Genthin, Burg, Magdeburg, Helmstedt, Königslutter, Braunschweig, Hildesheim und Hameln nach Aerzen, dort bei Barntrup auf die 66, nach Lemgo, Lage und Bielefeld, auf der 68 nach Halle und Borgholzhausen, auf der 476 bis Versmold über einen Abzweig zur 475 über Glandorf nach Lengerich bis zur Bauerschaft Aldrup – geschafft. Freilich nur auf der Karte!
„Wie lange, Hansgeorg, wird diese Reise mit unserem Laubfrosch dauern?“
„Mindestens vier Wochen“, antwortete er, „wenn du das schaffst in deinem Zustand.“
„Mein Zustand.“
Alwine war entschlossen, es bis Aldrup schaffen zu können, aber die Rückfahrt? Dann war sie voll im dritten Monat, und der soll, vor allem auf dem üblichen Holperpflaster, für einen noch winzigen Fötus sehr unbekömmlich sein. Heimlich beschloss sie, gar nicht mehr mit zurückzufahren und sogleich an Ort und Stelle zu bleiben und eine neue Heimat zu suchen; Hansgeorg würde allein heimreisen müssen.
„Aber das alles setzt voraus“, sagte sie im Selbstgespräch, „dass es uns dort gefällt.“

Liebe Leserschaft, wir ersparen es uns, diese vierwöchige „Weltreise“ von Berlin bis Lengerich zu beschreiben. Sie war eine Pioniertat und wäre würdig, in Reisegeschichtsbüchern als Heldentat lobend und als Beispiel aufgeführt zu werden, was willensstarke Menschen zustandebringen können. Wir verlassen dieses tapfere Ehepaar, während der Opellaubfrosch mit klappernder Karosserie, ächzenden Federn und quietschenden Bremsen in den ausgedehnten

Worpenberghof einfuhr. Dort verbreitete er ziemlichen Schrecken unter Menschen und Tieren, die alle solch ein stinkendes Monster noch nicht gesehen und erlebt haben. Wir wenden uns stattdessen der guten Erdmute und der lieben Edeltraut in Nimmersatt zu.

Eine ungewisse Zukunft

Das Quartett Erdmute, Hartmut, Edeltraut und Wolfgang tagte nach dem Abendessen und letztem Abfüttern hungrigen Viehs in der Wohnküche und schwieg ein paar Minuten beharrlich. Dann sagten in der angeführten Reihenfolge:
„Ich bin schwanger."
„Dunnerlittken, ist das wahr?"
„Ich bin schwanger."
„Das ist ja wunderbar!"
Wolfgang erhob sich vom Hocker und nahm seine Edeltraut in die Arme und beglückwünschte sie. Hartmut sagte wie beiläufig und sehr glaubwürdig „ich muss mal austreten", ging hinaus und ward von diesem Moment an in Nimmersatt „nimmer gesehen"; das stellte sich natürlich erst später heraus. Edeltraut und Wolfgang wollten auf die Rückkehr Hartmuts nicht warten und besprachen den baldigen Hochzeitstermin. Natürlich war klar, dass es eine Doppelhochzeit sein würde und dass es gelingen müsste, dass beide Frauen nach der berechneten Zeit auf die Minute genau gleichzeitig niederkommen sollten.

Der wackere Wolfgang übernahm es, die zwei freudigen Nachrichten den Worpenbergs zu überbringen, traf aber nur Zweitsohn Wilhelm an, der den Brautvater mimte und eine Flasche Sekt spendierte. Unterdes fiel Erdmutes ahnungsvoller Satz:

„Der pinkelt aber lange."

Liebe Leserschaft, du weißt ja schon, was passiert sein muss. Wir greifen erklärend vor: Hartmut antwortete auf die bald folgenden Bitten und Mahnrufe Erdmutes, Edeltrauts und Wolfgang nicht, denn er hörte sie gar nicht. Der Verdacht der drei, - Wilhelm hatte sich dazu gesellt -, er könnte in eine Jauchegrube gefallen und dort erstickt, von einem streunenden Ostpreußenwolf gerissen oder von einem Nehrungselch geforkelt worden sein, bestätigte sich nicht. Bei sich zu Hause war er nicht, dort wartete man 1941 noch auf ihn, bis man ihn abschreiben musste:
„Den hat wohl der Krieg verschlungen."
Die Sektflasche wurde zwar geköpft, aber nicht ausgetrunken. Erdmute lag dann zu Hause in ihrem Bett, starrte an die Decke und lauschte auf Füßetrappsen und Türenöffnen. Vorher hatte sie sich das elterliche Lamento anhören müssen.
Vater: „Ich wusste doch, dass er ein Hallodri ist."
Mutter: „Unsere Mannsbilder taugen alle nichts."
Ihren Ratschlag, „jetzt, ehe dein Bauch dicker wird, einen anderen Kerl zu angeln", mochte Erdmute nicht befolgen. Über Hartmuts Verschwinden wurde erst wieder gerätselt, als Erdmute vor dem Einwohnermeldeamt ihn als Vater ihres Kindes angab. Da musste auch die Polizei sich einschalten, sie fand nichts heraus. Erdmutes einziger Trost bis zur Geburt des Kindes war Edeltrauts Versprechen, „dass wir beisammen bleiben bis in ewige Zeiten". Das gelang...

Die Namensvettern im Westen

Nur wer sich heute, liebe Leserschaft, zu Gemüte führt, dass es in unserer fraglichen Zeit auf dem Land kaum ein Telefon gab, kann die ungeheure Überraschung verstehen, als Hansgeorg und Alwine auf den Hof ihrer Namensvettern und entfernten Verwandtschaft knatterten. Sie hatten sich beim besten Willen nicht anmelden können, denn erst in Aldrup selbst erfuhren sie auf Befragen den Weg zum Hof. Positiv hatten sie in den letzten Stunden der Reise aufgenommen, dass hier im Tecklenburger Land Protestanten das Sagen hatten, die alle nebenher noch echte Preußen zu sein schienen.

Aber nicht genug der Überraschungen! Kaum hatte man sich begrüßt, abgetastet, einen Korn zu sich genommen und einen Happen gegessen, als Marie Worpenberg, 68, Chefin und Gattin des Inhabers Wilhelm, 70, fromm wie eine Kirchenmaus, die Hände in die Luft streckte und zu singen begann „nun danket alle Gott". (Jeder evangelische Christ weiß, wie das Lied weitergeht.) Hansgeorg und Alwine schauten sich an und argwöhnten, in ein Kloster geraten zu sein. Aber dann sagte Wilhelm, mühsam im nordwestlichen Hochdeutsch:

„Ihr kommt wie gerufen!"

„Gott hat euch hergeführt", ergänzte Marie.

Und sie erklärten: „Alle unsere Kinder wollen diesen Hof nicht übernehmen, der entfernteren Verwandtschaft werden wir ihn nicht geben, und da fiel uns vor ein paar Tagen eure Familie im fernen Ostpreußen ein, das sind doch Landwirte vom alten Schrot und Korn, vielleicht haben sie Kinder, welche nicht erben können, aber an der Landwirtschaft interessiert sind..."

Alwine Worpenberg, meist gedanklich schneller als ihr Mann Hansgeorg, zuckte zusammen und glaubte einen Moment, dass Wehen einsetzten, aber dann fasste sie sich rasch und wusste augenblicklich, hier eine neue Heimat gefunden zu haben.

„Wir beide sind interessiert“, sagte Hansgeorg jetzt.

Sie ließen die Gastgeber im Ungewissen, dass sie ja bereits Erben seien. Wilhelm und Marie Worpenberg gingen nun aufs Ganze, ohne handeln oder verhandeln zu wollen, und Wilhelm sagte:

„Dieser Hof hier“, seine Arme umkreisten das Anwesen wie die Erde die Sonne, „besitzt 400 Morgen Land, ist schuldenfrei und bringt genug ein, um besser leben zu können als die meisten Landwirte ringsum.“

Hansgeorg und Alwine überschlugen indessen ihre finanzielle Lage und wo noch Geld locker gemacht werden könne.

„Über Geld reden wir hier nicht“, sagte Marie energisch, „denn ihr braucht hier nur einzusteigen und nichts davon mitzubringen.“

„So kann es sein“, bestätigte Wilhelm, „ihr müsst nur darauf eingehen, dass wir beide“, er umschlang Marie mit starken Armen, „als Altenteiler auf dem Hof bleiben, ihr uns niemals rauswerfen könnt und durchfüttern müsst, bis wir das so genannte Zeitliche segnen werden.“

„Und es ist nicht so“, fügte Marie hinzu, „dass wir uns sogleich auf die faule Haut legen, das können wir gar nicht, solange wir krauchen und kauen können, werden wir tätig bleiben – nur, das ist das Wichtigste, die Verantwortung tragt dann ihr.“

* * * * *

Ein solcher Vorschlag, liebe Leserschaft, verdient eine Atempause. Sie entstand dadurch, dass über Aktuelles gesprochen werden musste.

„Wie lange wollt ihr bleiben?“

Die Besucher wussten es nicht genau. Zunächst wurde ihnen ihr Quartier gezeigt, eine altdeutsch-antike Schlafstube mit zwei Betten, in denen bei ihnen zu Hause sechs Personen würden schlafen müssen. Zwar gab es auch hier kein fließendes Wasser, aber ein gut bestückter Waschtisch war vorhanden und die Toilette, ein richtiges Wasserklosett mit Spülwasser oben an der Wand, war zweimal im Haus vorhanden und mit der Jauchegrube außerhalb des Hauses verbunden.

„Schau mal hier“, sagte Alwine und zeigte auf die an der Wand montierte Rolle Klopapier. Sie hatten so etwas Revolutionäres jetzt erst auf ihrer Reise in den Hotels kennengelernt. Zu Hause in Nimmersatt putzten sich die großen Landwirte ihre Hintern mit Seiten des Landwirtschaftlichen Wochenblattes ab, die kleineren Bauern nahmen Heu und Moos, das die Hämorrhoiden ordentlich kratzte, oder kniffen nur die Schließmuskeln ein paarmal stramm auf und zu.

Nachdem Hansgeorg und Alwine ihre Sachen eingeräumt und sich geeinigt hatten, hier nicht vor einer Woche wieder abzureisen, standen sie ihren Gastgebern zur Haus- und Grundbesichtigung zur Verfügung. Der Worpenbergsche Hof war ein Fachwerkbau überdurchschnittlicher Größe, das Gefach war mit Ziegelsteinen ausgemauert und benötigte wohl in absehbarer Zeit eine neue Verfugung. Sonst war das riesige Haupthaus gut in Schuss. Das Dielentor, das auf die echt westfälische Diele führte, war grün gestrichen und so groß, dass Erntewagen voller Heu und Getreide bequem einfahren konnten. Links, wenn man eintrat, befand sich der Kuhstall, in dem Bulle „Minos“ mitsamt seinen Ehe- und Nebenfrauen, es waren jetzt fünfzehn Stück nebeneinander aufgereiht, Platz zum Stehen, Futtern, Ruhen und Melken hatten. Ihre dünne und dickbreiige Notdurft ließen sie in eine Rille fallen, die natürlich regelmäßig, hier mit Mistgabeln, durch die Stallfenster auf den Misthaufen geworfen wurde.

Dem Rindvieh gegenüber, also rechts, befanden sich vier Pferde- und zwei Schweineställe. Am Kopfende der Diele, praktisch in der Hausmitte, standen zwei mit Reisern beheizbare Kochkessel, in denen das Schweinefutter und die große Wäsche gekocht wurden. Vor ihnen rechts führte eine Tür in die Ess- und Kochküche der menschlichen Bewohner. Zwei Stangenherde, - heute begehrte Antiquitäten -, dominierten den Raum. Ein echt massiver Eichentisch, sechs Meter lang und zwei Meter breit, von Herdqualm, Kochdünsten und Sauberwischen schwarz eingefärbt, bot der gesamten Familie nebst zwei Eleven (Lehrlinge) und Gästen Sitz- und Essmöglichkeiten. Die Moderne war hier soweit fortgeschritten, dass ein Elektroherd angeschafft und das Wasser vom eigenen Brunnen draußen durch Druck hereingeleitet werden konnte.

Weiter ging die Führung in den Wohnbereich des Hauses. Dort gab es drei Schlafzimmer mit je zwei oder drei Betten, ein Wohnzimmer mittleren Charakters fürs normale Wohnen sonn- und feiertags, und die so genannte Gute Stube, die in keinem Bauernhaus Nord- und Westdeutschlands fehlen durfte. Der Wohntrakt war zweigeschossig, oben schliefen, wenn vorhanden, Nachkommen in zweiter und dritter Generation. Dieser Wohntrakt konnte nur durch einen großen gekachelten Kamin beheizt werden.

Liebe Leserschaft, wir wollen dich nicht mit der Aufzählung der übrigen Wohnanlagen fürs niedere Personal, die restlichen Ställe für die zahlreichen Schweine und fürs Federvieh belästigen. Kurz und gut: Dieser Hof war, gemessen an der Kleinbäuerlichkeit der näheren und weiteren Umgebung bis nach Münster und Osnabrück hinüber ein beachtlicher Großbetrieb, dessen Zukunft „für alle Zeiten" gesichert schien. Die Berater der Landwirtschaftskammer aus Münster gaben sich hier die Klinke in die Hand und versicherten, der Weltkrieg habe gezeigt, dass Deutschlands Struktur der Landwirtschaft die beste der Welt sei und „nie, nimmer und niemals" untergehen könne.

* * * * *

Nach der Führung und dem anschließenden Abendessen wurden Hansgeorg und Alwine die Bücher gezeigt, aus denen hervorging, dass Umsatz und Gewinn hervorragend und alle Steuern und Abgaben regelmäßig gezahlt worden waren. Wilhelm und Marie betonten, dass Mogeleien unrentabel seien und dass man vor allem die neuartigen Sozialregelungen für Arbeitnehmer befolgen müsse.
„Nur Arbeitnehmer", sagte Marie dringlich und diese neue Bezeichnung betonend, „die zufrieden sind, werden ihre Arbeiten zufriedenstellend ausführen."
Hier nun, an Ort und Stelle und abends um 22 Uhr, sagten die beiden Nimmersatter zu, den Hof übernehmen zu wollen. Sie rückten auch jetzt, zur Verwunderung und Unkenntnis ihrer Zuhörer, damit heraus, „Ausländer" zu sein.

„Tatsache ist aber“, sagte Hansgeorg, „dass ihr westdeutschen Worpenbergs allesamt aus dem Memelland stammt.“ Mit dieser Bemerkung verlassen wir Lengerich-Aldrup und kehren in eben dieses Memelland zurück...

Nur eine Hochzeit statt zwei

Dort fand eine Hochzeit statt: Edeltraut Hovestadt und Wolfgang Auf der Heide gaben sich gegenseitig das Jawort! Erwin Worpenberg, ähnlich sozial eingestellt wie seine Vetterin Marie in Lengerich, richtete sie aus und fand gleichzeitig tröstende Worte für die enttäuschte Erdmute:
„Nur gemach, mein Mädel, für dich finden wir auch noch einen Ehemann.“
Die Hochzeit war eine Wucht! Zwar nicht ganz so wuchtig, als wenn Wilhelm geheiratet hätte, aber wuchtiger, als wenn Edeltrauts Eltern sie hätten bezahlen müssen. Wolfgang war inzwischen Erbe einer Hofstelle von 60 Morgen geworden, und da kam ihm Edeltraut sehr zupass. Er nahm Erdmute in seine Hofgemeinschaft auf; so war sie vorerst finanziell abgesichert.

Erwins Zweitsohn Wilhelm warf bereits ein begehrliches Auge auf Erdmute, das zweite schonte er noch, denn eine Heuermannsmaid zu heiraten, war für einen echten Großbauernsohn eine verzwickte Sache – sie gelänge wohl nur, wenn Amor alle seine Pfeile zu einem MG-Feuer vereinigen würde. Bevor Wilhelm derart beschossen wurde, „zeichnete sich bei Erdmute ab, dass ihr Rock vorn kürzer wurde als hinten“. Liebe Leserschaft, du weißt vielleicht nicht, woran früher auf dem Land eine Schwangerschaft erkannt wurde, ehe die Bauchwölbung unübersehbar wurde: Also am Rock, wie geschildert, und auch an der Tiefe der Fußstapfen im Acker oder auf den Sandwegen – es gab Zeitgenossinnen, die besser Spuren lesen konnten als Winnetou und Old Shatterhand! Wilhelm war nicht so schurkisch wie viele Seinesgleichen und hatte Verständnis für Mädchen, die von Hallodris und Hurenböcken wie Hartmut sitzengelassen wurden, aber eine solche heiraten? – „Nein danke!“

* * * * *

Inzwischen waren Hansgeorg und Alwine heimgekehrt, indem sie ihr Auto in Aldrup stehenließen und Zug und Schiff benutzt hatten. Noch einen Monat später war allen Beobachtern und Neugierigen klar, dass es bald, zu gegebener Zeit natürlich, drei Niederkünfte geben würde. Dorfschnattergans Kuhlmanns Anna rechnete nach, „dass, weil sie alle drei am selben Tag empfangen hatten, sie auch gleichzeitig niederkommen dürften“. Hebamme Cäcilie Kortner bestätigte diese Rechnung. Wir bestätigen hier bereits per Vorgriff, dass noch jemand anders niederkam, ein mildes dunkelhaariges Wesen, dass für den Fortlauf unserer Geschichte bedeutungsvoll werden sollte: August des Starken Mutter Frieda. Eine Schönheit voller Schönheiten in Augen, Nüstern, Popo, Schritt und Tritt, gehorsam und brav, allerdings bis zu einer gewissen Grenze – die wir bald kennenlernen werden.

„Alea jacta est – der Würfel ist gefallen“

Man kann auch sagen: „Gewagt – gewonnen.“

Das galt jetzt für Hansgeorg und Alwine. Sie sagten Vater und Schwiegervater, dass sie aufs Erbe hier verzichten und nach Westdeutschland emigrieren wollten. Trotz klaren

Himmels fiel Erwin aus allen Wolken, während Wilhelm erst seinem Bruder und dann seiner Schwägerin um den Hals fiel. Mutter Gisela, keine große Leuchte hinter ihrem resoluten Mann, wollte partout mit nach Lengerich kommen, blitzte aber vorerst ab. Irgendwie wurde allen Beteiligten klar, - warum eigentlich? -, dass der baldige Abschied einer für immer sein würde.

Die litauischen Behörden sahen dem Treiben der Deutschen hier ziemlich missbilligend zu, gaben ungern Genehmigungen zu Auslandsreisen und rückten natürlich keine Devisen heraus. Aber sie hatten Angst vor dem Deutschen Reich, das trotz des Krieges stark und mächtig zu sein schien und 1918 und 1919 die baltischen Staaten im Kampf gegen die neue Sowjetunion unterstützt hatte.

„Mit Russland im Nacken“, sagten die Balten, „dürfen wir uns mit Deutschland nicht überwerfen.“

Die Familie Worpenberg beschloss, den Auszug Hansgeorgs und Alwines im Geheimen zu vollziehen: Über die Ostsee nach Königsberg, von da mit dem Schiff weiter nach Stettin und dort per Eisenbahn über Hannover nach Lengerich.

„Aber du bist dann hochschwanger“, warf Mutter Gisela ein.

Dies war dann das wichtigste Argument, die Reise bis auf die Geburt des Kindes zu verschieben. Und Bruder Wilhelm, korrekt wie ein geborener Preuße, riet folgendes an:

„Keine geheime Flucht bitte! Ich schlage vor, dass ihr ganz offiziell bei den Behörden einen Verwandtenbesuch nach Deutschland beantragt und mit allem, was ihr in Koffern unterbringen könnt, über Kleipeda (Memel) per Schiff nach Sassnitz auf Rügen und von dort bis Osnabrück oder gar Lengerich fahrt.“

„Werden unsere Behörden das genehmigen", fragte Alwine.
Da wusste der Chef Bescheid und rückte mit der neuesten Nachricht heraus:
„Nächste Woche haben wir Besuch von einem hohen Mitglied der NSDAP, dem Nazigauleiter Ostpreußens."
Alle wunderten sich, sie hatten nämlich eigentlich mit solchen Leuten, die jetzt viel von sich reden machten, nichts am Hut.
„Ich weiß von anderen Deutschen hier", gab Erwin Worpenberg zu, „dass Erich Koch, so heißt der Gauleiter, eine ziemlich miese Ratte und seinem Führer Adolf Hitler kompromisslos ergeben sein soll. Aber das besagt wenig. Hitler ist im Deutschen Reich im Kommen und Litauen fürchtet diesen Mann mehr als einen Zaren und wird, wenn er etwas wünscht, gewiss nachgeben."
„Und warum kommt Koch zu uns?", wollte Hansgeorg wissen.
„Er kommt ganz inoffiziell und als Zivilist. Um die Stimmung unter uns Deutschstämmigen im Sinne Hitlers zu erkunden."
„Hat dieser etwas vor mit uns?"

* * * * *

Diese Frage blieb unbeantwortet im Raum stehen. So musste man eine Woche warten. Alwine war zufrieden, hier, in ihrer Heimat, ihr Kind auszutragen und dann 1930 in aller Ruhe die große Reise anzutreten. Das gibt uns Gelegenheit, liebe Leserschaft, dem genannten Mann näher zu treten.

Erich Koch, Jahrgang 1896, war von Geburt her ein ganz normaler Bürger. Er machte eine Lehre zum Kaufmann durch und trat dann bei der Preußischen Staatseisenbahn ein, um in den mittleren Dienst aufgenommen zu werden. Da kam der Weltkrieg zwischen seine Pläne, von 1915 bis 1918 war er Soldat und trat danach einem Freikorps bei, das in Oberschlesien gegen die Polen kämpfte. 1922 wurde er frühes Mitglied der NSDAP, Nummer 90!, die sich 1926 erneuern musste, um wieder zugelassen zu werden. Es folgten Parteistellungen im Ruhrgebiet. Seit 1928 war er Gauleiter der preußischen Provinz Ostpreußen und wird, - hier unser Vorgriff, - ab 1930 für seinen Wahlkreis im Reichstag sitzen. Seine weitere Karriere bis zu seinem Tod am 12. November 1986 in Polen braucht hier nicht dargelegt zu werden. Er wird nur jetzt, wo er zu Besuch kommt, für spätere Besuche und für Erdmute, Edeltraut, Krischan, Meta und August und die Worpenbergs interessant und wichtig sein.

* * * * *

„Wo sehen Sie, Herr Worpenberg“, fragte Erich Koch nach einem reichlich-deutschen Kuchenessen am Nachmittag, „denn Probleme zwischen Litauen und Deutschland?“
Koch trug bereits einen typisch-kleinen Hitlerschnurbart, um seine Identität mit dem Führer klarzustellen. Er war die Reinkarnation eines preußischen Beamten und hatte noch nichts vom späteren Größenwahn an sich.
„Die Litauer argwöhnen“, antwortete Erwin Worpenberg, „dass Ihre Partei, Herr Gauleiter, einmal an die Macht gekommen, hier am Ende der zivilisierten Welt tabularasa machen und Kleipeda wieder Memel heißen wird.“

„Davon kann keine Rede sein“, log Koch.
Er verschwieg natürlich, dass Hitler kürzlich versprochen hatte, ihm dereinst das Memelland zu Füßen zu legen.
Das Gespräch bewegte sich von der Politik fort, wie von Erwin vorgesehen ins Private. Wie auf Verabredung trat Gisela ins Zimmer und präsentierte dem Gauleiter ein Paket:
„Hier, Herr Koch, einen kleinen Happen für Sie, dass Sie uns Deutsche nicht vergessen werden.“
Der Happen war ein echter Schinken!
„Ein Teil meiner Familie“, sagte Erwin Worpenberg, „möchte 1930 ins Reich ausreisen, um dort einen uns gleichnamigen Bauernhof zu übernehmen. Werden die Litauer Schwierigkeiten bereiten?“
Die Frage wirkte wie Wasser auf die Mühlen Kochs: Er war der NSDAP beigetreten, um „Schwierigkeiten, wann, wo und wie auch immer“, die man Deutschen hier antat, „mit Stumpf und Stiel auszurotten“.
So kam eine Einigung zustande, wie sie günstiger für die Worpenbergs nicht ausfallen konnte.
„Ich werde“, versprach Koch, „wenn Sie mir nach Königsberg Bescheid geben, Ihren Leuten freie Ausreise garantieren. Unser Führer braucht auch im Westen tüchtige Landwirte, hat er mir persönlich gesagt.“
Das klappte dann alles, und auch bei der zweiten Ausreise, die für 1939 anstehen wird, lief alles wie am Kochschen Schnürchen...

*****

1930

„Eins, zwei, drei im Sauseschritt, läuft die Zeit, wir laufen mit.“

Zwischen dem 27. und 29. Mai 1930 wurden in Nimmersatt geboren, hier nach dem Alphabet geordnet:

1.) Krischan Abramowsky, Sohn Erdmutes;
2.) Meta Auf der Heide, Tochter Edeltrauts und Wolfgangs;
3.) Stute Augusta II., Tochter Augusta I.
4.) Franz-Josef Worpenberg, Sohn Hansgeorgs und Alwines.

Für drei der Genannten war Hebamme Cäcilia Kortner zuständig, und sie machte ihre Arbeit so großartig, in den Fällen Krischan und Meta sogar unentgeltlich und auf Kosten Worpenbergs, dass von Glückstagen die Rede sein durfte. Alwine, kaum von den Schmerzen der Niederkunft erholt, vertraute ihrem Hansgeorg ein Geheimnis an:

„Was sagt du zu meiner Idee, eines guten nicht allzu fernen Tages Erdmute und Edeltraut nebst ihren Kindern nach Lengerich auf unseren Hof nachkommen zu lassen?“

Wenn Hansgeorg noch nie baff gewesen sein sollte – jetzt war er es. So vollkommen und gründlich, dass er dreißig Sekunden nicht antworten konnte. Dann sagte er nur ein Wort:

„Großartig!“

Sie beschlossen, diese brisante Angelegenheit bis auf weiteres geheim zu halten.

* * * * *

Seit diesen Maitagen des Jahres 1930 betraten also zwei Protagonisten unserer Pferdebiografie noch vor dem eigentlichen Hauptdarsteller August dem Starken, Sohn der Stute Augusta II., die Szene. Obwohl ihre Mütter Erdmute und Edeltraut und ihre Väter Hartmut und Wolfgang durchaus weder Recken noch Berserker waren, brachten sie schon am Geburtstag erkleckliche Pfunde auf die Waage: Krischan neun und Meta acht. Da mussten stramme Milchquellen und stabile Wiegen her, später entsprechende Kinderwagen. Erdmute, die bis in die letzten Tage der neun Monate Hoffnung gehegt hatte, Kindsvater Hartmut Krakowiak möge plötzlich dreinschauen und herkommen, wurde natürlich enttäuscht.

„So kannst du“, tröstete Edeltraut, „all deine Liebe dem Kind widmen und wirst dabei diesen Vaterlandsverräter vergessen.“

Klug gesagt, nicht wahr. Edeltraut und Wolfgang hielten sich in ihrer Freude über die gesunde Meta ein wenig zurück, um Erdmute nicht zu vergrämen. Beide Mütter kamen in den Genuss einer dreitägigen Arbeitspause, dann hieß es „aufstehen“, „anpacken“ und „säen und pflanzen“!

„Wer im Frühjahr Kappes (Weißkohl) baut,
hat im Winter Sauerkraut!“

Waren die Frauen außer Haus im Garten oder auf dem Feld eingesetzt, nahmen sie Krischan und Meta in geräumigen Körben mit, stillten sie bei Hunger und setzten sie im Schatten von Bäumen und Sträuchern ab. Wohlzugedeckt von Fliegengaze, damit blutgierige Bremsen und blindwütige Gnitzen (Stechmücken, Moskitos) sie nicht bestechen konnten; noch war die Malaria in Europa nicht ausgerottet!

Das dritte Baby im Haus Auf der Heide hieß, wie gesagt, Augusta II. Es wurde weniger luxuriös behandelt. Es plumpste aus einem Meter Höhe ins Stroh, wurde von Wolfgang trockengerieben, von Stute Augusta I. intensiv beschnobert und abgeleckt und dann, nach erfolgreichem Stehversuch, von Wolfgang sachte an Mutters Euter bugsiert. Derweil war im Haupthaus auch Alwine mit Franz Josef nach heftigen Wehen niedergekommen, er wog „nur“ sechs Pfund.

„Dann hast du“, tröstete Wolfgang, „bei unserer Reise nicht soviel zu tragen.“

Klug gesagt, nicht wahr. Normalerweise, wenn Franz Josef der Hoferbe gewesen wäre, hätte ihm nach wenigen Tagen oder Wochen eine Erzieherin oder Gouvernante zur Seite gestanden – das konnte man sich jetzt ersparen! Auch etwas anderes gedachte man nun zu sparen: Wilhelms Ausbildung. Er hatte vorgehabt, in Königsberg Ökonomie, speziell Landwirtschaft zu studieren, und meinte jetzt, als Hoferbe lieber vollkommen daheim zu bleiben und zu „regieren“. Vater Erwin kränkelte bereits, ein Zipperlein hier, ein anderes dort, Podagra (die Gicht) in den Knochen und zeitweises Grummeln im Magen.

* * * * *

Obwohl der Weiterlauf der Geschichte dieses Nimmersatter Hofes eigentlich nicht zu unserer Pferdebiografie gehört, wollen wir eine Ausnahme machen, bis alle zur Biografie wichtigen Personen und andere Lebewesen nach Westen ausgerückt sind. Zumal die nächsten Zeilen ebenfalls von Pferd und Reiter handeln. Wilhelm Worpenberg also blieb zu Hause, ein Haus allerdings, dem bald ein neuer Bewohner fehlen wird: Was ist ein Bauersmann ohne Bauersfrau? Nichts! Gar nichts! Eine Niete der Evolution jedenfalls! Einen Zukunftsschritt hatte er just im Kopf, nämlich fort von allgemeiner traditioneller Landwirtschaft

zu einer Spezialisierung, der Haltung und Zucht von Pferden.
„Obwohl", hatte der Berater der Königsberger Kammer gesagt, „die Motorisierung von Landwirtschaft und Armee bevorsteht, werden Pferde immer gebraucht werden. Wir haben Nachrichten aus dem Reich bekommen, dass die Städter immer tierlieber werden und Reiterhöfe diesen Trend zu nutzen versuchen."
Sehr, sehr klug beraten, nicht wahr!

Wilhelm Worpenberg griff und das Schicksal schlug zu. Es hieß Rita von Schlawitten und ritt eines Tages auf den Hof, weil das Pferd lahmte. Rita stieg ab und zeigte damit ihre Figur, die zu ihrem rassigen Trakehner passte wie eine Boxerfaust aufs Auge des Gegners. Wilhelm schuf spontan ein neues Wort, das niemals im Duden Eingang finden wird:
„Himmelgottsakraverdammichundverdeubelt!"
Kurz und sehr gut! Rita legte freiwillig ihren uralten preußischen Adel ab und hieß fortan, noch ehe Hansgeorg und Alwine das Memelland verließen, Rita Worpenberg.

* * * * *

1931, 1932 und 1933

In fast allen Biografien, die seit der Erfindung Gutenbergs erfunden worden sind, gibt es über Babys nichts oder fast nichts zu berichten. Wir machen hier keine Ausnahme. Allen menschlichen Kindern in der rein körperlichen Entwicklung voraus sind Pferdekinder. Augusta II. lief bereits im Alter von zwei Tagen ihrer Mutter Augusta I. auf der Weide nach wie Küken der Henne, während Krischan und

Meta anfingen, ihre Augen zu öffnen. Sie wuchsen, wie bekannt, im Haushalt Edeltrauts und Wolfgangs heran wie Zwillinge und es dauerte nur drei Tage, bis sie regelmäßig unisono ihre Meinungen äußerten – da waren sie Augusta II. geistig bereits um Ellen voraus. Und so ging es weiter: Krähte Krischan, krähte Meta, quiekte er, quiekte sie, pupte sie, pupte er und hatte er Hunger, so schmachtete auch sie – Kinderfreude noch und noch im Haus und im Freien.

Im September 1931 machte Alwine Worpenberg ihren letzten Besuch speziell bei Erdmute und tat geheimnisvoll.
„Wenn es dir hier einmal", sagte sie unter dem Versprechen „strengster Geheimhaltung", „nicht mehr gefallen sollte, dann kannst du mit Krischan jederzeit zu uns nach Westfalen kommen."
Erdmute war zwar geschmeichelt, dass eine Herrin wie Alwine so mit ihr redete, wusste aber sofort, dass sie Edeltraut nie verlassen würde. Sie antwortete ehrlich:
„Wenn überhaupt, gnädige Frau, dann nur mit Edeltraut und Meta gemeinsam."
Somit schien klar zu sein, dass der Fall nicht eintreten könne. „Doch", soll Herr Schiller gesagt haben, „sei mit des Geschickes (Schicksals) Mächten kein ewiger Bund zu flechten". Wir werden's sehen!
Fünf Weidenrohrkoffer waren bereits unterwegs, als Hansgeorg, Alwine und Franz Josef in Klaipeda die deutsche Fähre bestiegen, die sie nach Sassnitz brachte. Lassen wir diese drei netten Leute allein und wenden wir uns ihnen erst wieder zu, wenn das vorhin Besprochene brennende Aktualität wird.

Für Krischan, Meta und Augusta II. wurde das Leben erst richtig interessant, als sie sich gegenseitig kennenlernten.

Krischan und Meta saßen schon im leichten Sommerkinderwagen, beobachteten sich und die Welt ringsum und hatten nur Augen füreinander – wohl eines der frühesten Liebespaare hiesiger Geschichte. Ihre Kinderwagen wurden so gestellt, dass sie sich an den Händen halten und mit ihren entzückend winzigen Fingern spielen konnten, mal links, dann rechts. Und jetzt müssen wir wieder den Dichter Schiller bemühen:

„Ich sei, gewährt mir die Bitte, in eurem Bunde der dritte."
Soll Augusta II. gesagt haben, als sie eines Nachmittags zu den beiden Kindern trat, freilich durch den Weidezaun auf Abstand gehalten. Krischan und Meta, - wir werden in Zukunft nur selten Meta und Krischan sagen -, waren bass erstaunt, dass es außer ihnen und ihren Hausgenossen noch andere Lebewesen gab. Als Erdmute hinzutrat, die Kinderwagen näher an den Zaun schob, den Kindern je ein Büschel Gras in die Hände drückte und sagte, „das ist wie Haberbrei für euch", da begriffen sie und zeigten keine Spur Angst, als Augusta II. die Gaben annahm. Wir berichten hier deshalb so ausführlich, weil sich eine Lebenslangfreundschaft anzubahnen schien. Schien? Ja, denn nicht Augusta II. wurde Dritte im Bunde, sondern ihr Sohn August, erst in Aldrup „der Starke" genannt.

* * * * *

„Zeit eilt, teilt und heilt."

Erdmute blieb dem Worpenbergschen Hof weiterhin „untertänig", obwohl sie bei den Auf der Heides wohnte und dort auch ihren Krischan aufzog. Sie hatte das Glück, dass auch die jungen Worpenbergs mit ihrem Gesinde moderat umgingen. Pferdenärrin Rita konnte nicht umhin, zumal sie 1932 schwanger wurde, Pferd und Mensch nur mit Freundschaft, fast Liebe zu begegnen. Sie hatte eine Trupp russischer Panjepferde angeschafft, weil sie fürs Kinderreiten auf dem Hof prädestiniert sind, sommers wie winters, und sie genügsamer und pflegeleichter waren.

Ab Ende 1932 horchte man im Memelland auf. Dann kam in Deutschland Hitler an die Macht und man erwartete, dass er bald in Sachen Außenpolitik Nägel mit Köpfen machen würde. Gauleiter Erich Koch, noch geschwollener als früher, holte sich einen Schinken und erkundigte sich nach den Ausgereisten.

„Hat alles bestens funktioniert, Herr Gauleiter“, sagte Erwin Worpenberg, der ihn jetzt zum letzten Mal sah, „wir danken und mein Sohn lässt herzliche Grüße bestellen.“

Das war geschwindelt.

„Noch ein paar Jährchen“, versprach Koch, „und ihr seid Deutsche wie es euch zusteht.“

Krischan und Meta, jetzt zusammen sechs Jahre alt, waren zu echten Kinderpersönlichkeiten herangewachsen und begrüßten den braun uniformierten Gauleiter unbefangen.

„Du wirst“, versprach er Krischan und kraulte seinen blonden Wuschelkopf, „ein guter Soldat für den Führer werden.“

„Was ist ein Soldat?“

„Nun“, antwortete Koch und mimte einen, „der immer bumbum macht.“

„Pupen kann ich auch schon“, antwortete Krischan.

Er hielt Meta fest an der Hand und fügte hinzu:

„Das ist meine Braut.“

Meta machte dem Gauleiter einen Knicks.

„Hier auf diesem Hof bin ich gerne“, sagte er verabschiedend, „ein richtiger Germanenhof und nicht so’n Kroppzeugs wie weiter östlich und nördlich.“
Für die ihn anschnuppernden Panjepferde empfand er erst Sympathie, bis Rita, erotisch aufmunterungsfähig wie eh und jeh, ihm ihre Vorzüge erklärte.
„Alles in allem“, zog Erwin Worpenberg eine Besuchsbilanz, „ist er kein übler Kerl und kann kaum einer Fliege etwas zuleide tun.“
Errare humanum est! Fünf Tage später lag Erwin Worpenberg unter der Erde…

Ihm folgte Ende des Jahres Wolfgang Auf der Heide. Das kam so. Er ging mit Augusta II., welche knapp drei Jahre alt war, die er für deckfähig erachtete, zu einem tiefschwarzen Hengst in der Nachbarschaft, der Ostfriesenblut in sich tragen sollte und tatsächlich ein streitbarer Vererber unter den hiesigen Vererbern war. Wolfgang ließ Augusta von einem Gehilfen halten, um, eng hinter ihr stehend, den teuren Deckvorgang genau beobachten zu können. Ob Augusta nun bereitwillig war oder nicht: Sie ließ den Hengst aufreiten, den machtvollen meterlangen Pimmel in sich einfahren und verhoffte dann, vielleicht nicht wissend, was man mit ihr anstellte. Dann schrie sie hoferschütternd auf, keilte aus und schmetterte Wolfgang ihr Hufeisen unter die Kinnlade.
„Morte est“, kommentierte der kaschubische Hengstbesitzer.
Bezahlt werden musste dennoch. So kam es, dass Witwe Edeltraut wieder in Worpenbergsche Hofdienste eintreten musste. Liebe Leserschaft, du ahnst gewiss schon, wie sich ab hier die weitere Geschichte abspielen wird: Erdmute

und Edeltraut sind wieder allein auf der Welt, mit je einem Kind gesegnet, - das ist wörtlich zu nehmen -, und nicht willens, sich noch einmal mit Mannskerlen abzugeben.

1934 bis 1936

„Pech in der Liebe – Glück mit Kindern". Herz, was begehrst du mehr! Auf jeden Fall werden Krischan und Meta immer mehr ein Herz und eine Seele. Nichts läuft mehr solo, alles nur im Duo, vom Erwachen bis zum Zubettgehen, und weil die Kinder auf Edeltrauts Hofgelände und dem der Worpenbergs mehr Spiele finden und erfinden können, als in jeder noch so vollkommenen Kita heutzutage, brauchen sie nicht in den Kindergarten zu gehen. Krischan übernimmt die Führungsrolle, Meta folgt bedingungslos bis zur Schulzeit, dann bremst sie sein oft rabiates Verhalten in Draufgängermanier. Spiele solcher Kinder, die im Kreis vieler unterschiedlicher Erwachsener sich entwickeln, sind keine Kinderspiele. Nur Nachahmungen. Und bald Hilfen!

Mit 5 füttert Krischan Kälber und Ferkel, mit 6 kapitale Eber und Sauen. Meta hat mit 6 das Federvieh so unter Kontrolle, dass es ihr überall hin folgt und doppelt so viel Eier legt als früher. 1936 kam Augusta II. mit August nieder, der in wenigen Jahren den Beinamen „der Starke" führen und wie „der Echte", einst König von Polen und Kurfürst von Sachsen, auch ein kühner Vererber sein wird.

Wir haben schon zu Anfang berichtet, dass Krischan und Meta Augusts Geburt überwachten, die Erstversorgung durchführten und damit in die Rolle von Pflegeeltern gerieten. Ja, zwei Sechsjährige wurden verantwortlich für ein Fohlen, doppelt so schwer und groß wie sie, und das, wo doch Krischans Vater durch einen Pferdetritt ums Leben

gekommen war! Augusta II. war schon dadurch aufgefallen, dass sie sehr kinderlieb war, und diese Eigenschaft schlug nun bei August voll und ganz durch. In diese Zeit, da August sich zum Halbstarken mauserte, dem bald der raue Arbeitseinsatz drohte, fiel der erste Brief Amalie Worpenbergs an Erdmute Abramowsky. Erdmute ahnte schon vorm Öffnen, wovon er handeln würde. Abends allein im Heiabettchen, - übrigens wohl die fatalste Tageszeit aller Singles -, hatte sie manchmal vom Fortgehen zu träumen gewagt, aber nie war ihr dabei der Name Worpenberg eingefallen.
Alwine berichtete von guten Zeiten in der neuen Heimat, einem zweiten Kind und ohne die von einigen Miesmachern gefürchtete Angst, als Grenzvolk in einen Krieg verwickelt zu werden.
„Hier spricht niemand vom Krieg“, schrieb sie mutig und spielte damit auf eine etwaige Briefkontrolle der Nazis an, „man spricht aber offen davon, dass der Führer das Memelland, so oder so, notfalls durch Gewalt, heim ins Reich holen werde. Was ist dann bei euch los?“
Erdmute ließ zwei Wochen verstreichen, ohne Edeltraut etwas zu verraten, und antwortete dann Alwine, „dass eine Übersiedlung nur in Frage käme, wenn Edeltraut und Meta mitkommen dürften“. Alwine stimmte zu.

* * * * *

Nachdem Adolf Hitler bis 1934, für ihn selbst überraschend, seine Macht gefestigt hatte, begann er nun Tatsachen zu schaffen. Mit Polen kam ein Nichtangriffspakt zustande, (niemand auf der Erde weiß um diese Zeit, was er von Verträgen tatsächlich hielt), das Bündnis mit Italien festigte sich, deutsche Soldaten halfen General Franco in Spanien, den Bürgerkrieg zu gewinnen, und mit Großbritannien, Hitlers altem Wunschfreund, machte er einen Flottenvertrag zur beiderseitigen Zufriedenheit. Am meisten beruhigte die deutschen Bürger die ganz offensichtliche und ehrlich gemeinte Friedensbereitschaft der Weltkriegsgegner, „sie werden sich von Hitler keinesfalls in einen Krieg verwickeln lassen". Die Memellandfrage kochte noch vor sich hin, die litauische Regierung war sich klar darüber, dass sie eine Forderung Deutschland auf Rückgabe positiv beantworten müsse:

„Was sollen wir auch mit Bürgern anfangen, die permanent unzufrieden und aufsässig sein werden?"

1936 wurden Krischan und Meta 6 und hatten sich zu wertvollen und billigen Arbeitskräften gemausert. In der litauischen Volks- schule kamen sie gut mit, zwischen den Kindern waren nationale Vorbehalte nicht zu erkennen. Darum schob Erdmute, immer noch Geheimnisträgerin, ihre Entscheidung zur Ausreise von einem Jahr ins andere vor sich her. Irgendjemand aus dem Personal des Hofes hatte ihr gesteckt, dass Rita und Wilhelm Worpenberg insgeheim damit liebäugelten, ihre Heuerleute entweder abzuschaffen oder in die normale Mannschaft zu übernehmen.

„Warum das?", fragte Edeltraut besorgt.

„Wegen ihrer Pferdezucht", antwortete Erdmute, „sie machen Ackerflächen zu Pferdeweiden und nutzen die Äcker fast nur noch zum Anbau von Pferdefutter."

„Und, glaube ich", fügte Edeltraut hinzu, „sie wollen ihr gehobenes Personal wie Pferdeinspektoren und Bereiter in den Häusern unterbringen."

Mit diesen Gedanken, Betrachtungen und Befürchtungen ging das Jahr 1936 zu Ende. Da war zwischen August, Kri-

schan und Meta ein so festes Band der Freundschaft geschlossen, dass Krischan vorlaut, wie man das damals nannte, zwei Prophezeiungen verkünden konnte, die es in sich hatten und heute noch haben:
Erstens: „Ich werde Meta immer lieben, auch wenn sie einmal heiraten sollte!“
Zweitens: „August wird immer, solange er lebt oder ich lebe, mein bester Freund nach Meta sein!“
Liebe Leserschaft, glaubst du, dass Sechsjährige heutzutage so etwas von sich geben können?

Eine romantische Idylle wurde jetzt per früher Fotografie, die nicht mehr existiert, aufgenommen und zeigt folgendes Stillleben: Das Sechsmonatsfohlen August, noch nicht ganz nach Schwarz ausgefärbt, liegt auf der Weide nebenan und macht seinen Sonntagsmittagsschlaf – entspannt und mit sich selbst und der kleinen Pferdewelt zufrieden. Links, an den Pferdebauch gelehnt, liegt Meta, rechts am Pferderücken Krischan. Es scheint die letzte milde Herbstsonne, Stechfliegen und Rachenbremsen, sonst ewige Ruhestörer beim Ruhen und Schlafen im Freien, machen schon Winterschlaf oder sind abgestorben.
„Hier würde“, sagte Amateurfotografin Rita Worpenberg, „auch Martin Luther jeder Kommentar im Hals steckenbleiben.“
Gut gesagt, Rita!

Von 1937 bis 1938

Rita war es auch, die Krischan verriet, dass Pferde und auch fast alle anderen Grasfresser verrückt nach Salzigsüßem sind, das ihnen nicht nur sehr mundet, sondern auch für ihre Magen- und Darmtätigkeiten vorteilhaft sei.

„Steck dir immer“, riet sie Krischan mit ihrem erotischen Gespür nach künftigen Frauenhelden, „nimm dir immer etwas Lakritz und einige Salmiakpastillen mit, wenn du zu Pferden gehst.“
Aufgemerkt, Pferdefreunde! Von ihrem kargen wöchentlichen Taschengeld von umgerechnet 50 Reichspfennigen zwackten nun Krischan und Meta die Hälfte für die entsprechenden Käufe ab. Davon die Hälfte vernaschten sie selbst, aber für ihre Pferde Augusta II. und August verblieb genug. Es dauerte nicht einmal zwei Tage, bis Krischan und Meta, für empfindliche Pferdenasen jedenfalls, fünfzig Meter gegen den Wind stanken oder dufteten, je nachdem. Augusts Liebe zu den Kindern hätte sich gewiss zu devoter, sklavischer Abhängigkeit ausgewachsen, wenn sein edler Charakter hier mitgemacht hätte.

1938 wurde August zwei Jahre alt, er konnte schon August der Halbstarke genannt werden, und so hieß es erbarmungslos und konsequent:
„Ran an die Arbeit!“
Jeder, der damals dabei war und heute noch lebt, weiß, wie Jungpferde zur „freiwilligen“ Arbeit vor den Wagen und leichten und schweren Kutschen, Karren, Eggen und Pflügen gebracht wurden. Wenn ihre Mütter dabei waren hatten sie noch Glück. Wir schildern jetzt diese allgemeine Methode, die von der Memel bis zur Maas gang und gäbe war.

Zunächst durfte das Fohlen, - nennen wir den Eineinhalbjährigen doch so -, die einspännige Mutter vorm leichten Wagen begleiten, es zog also nicht mit. Der Kutscher lenkte wie üblich, sein Begleiter auf dem Sitz hatte die Aufgabe, das Fohlen zu beobachten und ihm augenblicklich, wenn es anhielt oder zu streiken drohte, mit der Peitsche eins überzubraten und ihm gleichzeitig den üblichen Marschbefehl zuzuschreien. Zweimal, dreimal, das junge Tier begriff schnell und gehorchte zukünftig. Dann wurde es vor einen zweispännigen Wagen geschirrt, schon mit der Trense im Mund, aber noch Mutter links neben sich. Hüh, hott, brrr und andere fürs Leben wichtige Kommandos erreichten seine Ohren, ging's nach links, ruckte der Zügel auch links und so weiter. Es ging über Landstraßen und sandige Feldwege, der Wagen rollte wie von selbst, Mutter machte einen zufriedenen Eindruck, da wollte das Fohlen auch einmal stehenbleiben oder im Gehen Blätter vom Gebüsch reißen – klatsch, das Peitschenende pfefferte aufs Gesäß und der Zügel wurde brutal ins Maul gerissen.

Liebe Leserschaft, du kennst die weltberühmten Westernfilme, in denen zwei, vier oder sechs Pferde vor Reise- und Postkutschen dahinjagen und beschimpft und geprügelt werden – genauso ging's, nur im verkleinerten Maßstab, auf jedem Bauernhof zu, der Arbeitspferde hielt. Kannst du dir vorstellen, dass auch August so behandelt worden ist? Gewiss nein!

Er sah um diese Zeit wie ein Erwachsener aus, der nur noch ein wenig Masse und Stärke zuzulegen hatte: Schwarz wie der Teufel in unbeleuchteter Hölle, ein Kaltblüter natürlich, aber eleganter als Alexanders Bucephalos, Friedrichs II. Condè oder Napoleons I. Marengo. Damit sei sein Äußeres hinreichend beschrieben. Sein Charakter schien, aus heutiger Sicht, eine Mischung aus Schwester Theresa, Elsa Brandström und Max Schmeling, also eigentlich ungeeignet für harte bäuerliche Arbeit zu sein. Kam dies daher, weil er bisher hauptsächlich unter den Händen Krischans und Metas aufgewachsen war? Tatsache ist, dass er noch nie einen Menschen kennengelernt hat, einen rabiaten, jähzornigen Knecht zum Beispiel oder einen Pferdeschinder, der auch zu einem KZ-Wächter getaugt hätte?

Ehe Krischan und Meta abends zu Bett gingen, besuchten sie August im Stall oder auf der Weide. Er wartete sehnlich darauf, dass sie kamen, sich beiderseits seines Charakterkopfes stellten, die Arme um seinen Hals schlangen und ihm Geschichten in die wunderschön geformten und behaarten Ohren erzählten oder Kinder- und Volkslieder hineinsangen. August persönlich hätte dieses natürlich die ganze Nacht genießen können, aber Erdmute und Edeltraut riefen energisch zum Schlaf:
„Morgen ist auch noch ein Tag!“
In der gemeinsamen Schlafkammer unter dem Dach, wo der Vollmond alle vier Wochen sein Licht zwischen den einfachen Dachschindeln hindurchblitzen ließ, hätten sich Krischan und Meta gern noch eine Weile unterhalten, über August und die Welt, die Welt und August, und Morpheus, der Gott schlafender Kinder, nahm sie in seine Arme.

* * * * *

Derweil im Haupthaus, im ziemlich abhörsicheren Wohnzimmer, Gespräche geführt wurden, die Reinhard Heydrich und Konsorten sehr gern mitgehört hätten. Wie stand es eigentlich, wo sich Hitlers tausendjähriges Reich auf eben diese tausend Jahre einrichtete, mit den Memelländlern in Sachen Nationalsozialismus? Diese krude Weltanschauung durchaus ja, seine Repräsentanten von H wie Hitler bis K wie Koch auch durchaus vertretbar, aber Burschen von H wie Himmler bis S wie Streicher nein!

Im Frühjahr 1938 kehrte Österreich ins Reich zurück, im Herbst des Jahres das Sudentenland, welches bisher hier niemand auf einer Landkarten je gefunden hätte. R wie Ribbentrop, dem jedermann den Stenz und Möchtegerngernegroß ansah, tutete Drohungen gegen Litauen ins Horn, denen man hier aufmerksam lauschte.
„Sind wir als Nächste dran?“
Fragte Rita ihren Wilhelm. Ton und Wortstellung, bei der Gestapo in Berlin mitgehört, hätten bereits fürs KZ gereicht.
„Ich habe jahrelang“, antwortete Wilhelm, und Mutter Gisela, eine echte, Achtung erheischende Memellandgreisin, nickte ihm zu, „mich auf eine Rückkehr ins Reich gefreut, wo Hindenburg herrschte und auf W wie Wilhelm II. hoffte, aber jetzt habe ich Angst, den Ariernachweis für mich und alle Familienglieder erbringen zu können.“
„Was sind denn Arier?“, fragte die Mutter und Großmutter. Rita suchte und fand ein Lexikon, blätterte es unter A bis Arier durch, las es an und schüttelte sich dann vor Lachen. Dann las sie siebzehn Wörter vor:
„Diese Selbstbezeichnung ist in diesem, auf eine indoiranische Form zurückgehenden Ausdruck, nur in Persien und Indien belegt.“
Gut gelacht, Rita!
„Demnach“, stellte Wilhelm fest, „wird es in Hitlers Reich kaum einen Arier geben.“
Doch Spaß beiseite!
„Mit welcher Methode werden wir angeschlossen?“
Gewaltsam, durch Volksabstimmung, durch friedlichen Einmarsch oder durch eine militärische Eroberung?
„Es heißt“, sagte Wilhelm, „der Führer habe eine Armee aufgebaut, welche die ganze Welt erobern kann.“

„Hat der Kaiser auch gesagt“, sagte Gisela, „und wusste doch nicht, wie er Großbritannien an den Wickel gehen sollte.“
Gut gesehen, Großmutter! Wie auch heute Abend hin und her, her und hin geredet wurde, diesen drei Menschen saß wie allen Memeldeutschen, die Angst im Nacken, Hitler könnte sich mit Polen und Russland anlegen. In dieser Sorge machte Wilhelm einen Riesenschritt voraus:
„Jetzt wäre noch Zeit, den ganzen Klumpatsch hier an Litauen zu verscherbeln und nach Westen abzuhauen.“
„Das“, sagte Oma Gisela mit unterdrückten Tränen, „ist vor dreihundert Jahren schon einmal geschehen. Von diesen Flüchtlingen stammen jene Worpenbergs in Lengerich letztendlich ab, wohin mein Sohn gezogen ist. – Ob ich ihn noch einmal wiedersehen werde?“
Wird sie nicht! Rita und Wilhelm beschlossen, dieses Thema erst wieder anzuschneiden, wenn es aktuell werden sollte. Wie wir heute wissen, lief die ganze Chose bis 1942 wie am Schnürchen. Wilhelm wollte noch loswerden, was ihm einer seiner Arbeiter zugetragen hatte, der vor zwei Monaten gegangen war und der sich einem Arbeitertrupp zum Autobahnbau der Strecke Berlin-Breslau verdingte.
„Dort“, berichtete dieser erbost, „waren die Arbeitsbedingungen derartig saumäßig, dass keiner von uns bei einem 48-Stunden-Tag mit dem Lohn seine Familie hätte ernähren können. Der Lohn beträgt pro Stunde 45 Pfennig, 90 Pfennig gehen für soziale Leistungen ab, eine Mark für Unterkunft und Verpflegung und die Partei, diese so genannte NSDAP, also eine Arbeiterpartei, kriegt auch noch ihren Anteil – Halunken das!“

* * * * *

1938 sind Krischan und Meta, - Arbeitsrechtler sollten jetzt nicht weiterlesen -, zu richtigen Voll- oder Halbvollarbeitskräften herangewachsen. Meta versorgte den Garten im Sinn des Herrn Schreber, Krischan ackerte einspännig mit August, gemeinsam setzten sie Kartoffeln, häufelten sie an und brachten am Sonntag ihre Mütter zur Kirche. Krischan kam auf sein Problem:
„Warum habe ich keinen Vater?“
Erdmute zierte sich nicht:
„Der Schludrian ist vor unserer Hochzeit verduftet.“
„Aha“, sagte Krischan, „verduftet.“
„Warum habe ich keinen Vater?“, fragte Meta.
Edeltraut zierte sich nicht:
„Er ist von einem Pferd ins Gesicht getreten worden und starb.“
„Und hättet ihr nicht noch einmal heiraten können“, fragte Meta. Gut gefragt, Meta! Erdmute und Edeltraut zierten sich nicht:
„Gebrannte Mütter scheuen den Zweitmann“, sagten sie unisono.
„Je älter ich werde“, sagte Krischan verbindlich, „desto weniger braucht ihr neue Männer.“
Wie Recht er hatte. Eines Nachmittags, nach Erledigung der Schularbeiten im Sommer 1938, war August an der Reihe, den erwähnten Fahrunterricht zu nehmen.
„Es kommt gar nicht in Frage“, stellte Krischan fest, „dass August geprügelt und sonstwie gezwungen wird, seine Arbeit zu erlernen.“
Er hielt das aufgeschirrte Pferd, „sein Pferd“, am Kopfzügel fest und bugsierte August, beruhigend redend, rückwärts gehend zwischen die Deichselholme und schirrte ihn

an, dabei die Ketten laut rasseln und klirren lassend. August verstand, hatte ihm Krischan doch schon vor einigen Tagen einen Sattel aufgelegt und ihn eingeritten. Es zeigte sich jetzt, in allen folgenden Tagen und überhaupt in der Zukunft, dass August nichts fürchtete oder argwöhnte, wenn Krischan und Meta in Sichtweite waren. Jetzt stieg Krischan rechts auf den Kutschersitz, Meta nahm, von links kommend, neben ihm Platz.

Wohlgemerkt und aufgehorcht: August war noch nie vor einem Gefährt gegangen! Auf Krischans Zuruf „los geht's“ und sanftem Aufklatschen der beiden Zügel auf seinen breiten, glänzend schwarzen Rücken, ging August an und hatte nach drei Runden um das Hofgelände begriffen, was Zurufe und Anziehen der Zügel bedeuteten. Er folgte immer dem Straßen- und Wegeverlauf, bis er anderweitigen Richtungsbefehl erhielt.

„Nun“, gab Worpenbergs Pferdemeister zu, „das ist keine Kunst. Aber lass ihn erst einmal aufs Feld und in einer schnurgeraden Linie mit einem Pflug eine Furche ziehen.“

Das war nur so dahergeredet, aber Krischan nahm den Mann beim Wort. Sie gingen mit August, der den leichten einscharigen Pflug zum Stoppelfeldpflügen hinter sich herzog, auf das nahe Stoppelfeld, das morgen sowieso „geschält“, anschließend sofort geeggt und mit Stoppelrüben, (ein Viehfutter, das noch im Spätherbst geerntet werden konnte), besät werden sollte. Krischan brachte Pflug und August in Stellung, August ging an, die Schar drang in den Boden ein und warf die Erde im Zuge der Fortbewegung um – ein uraltes, einst von klugen Landwirten erfundenes System!

Für ein an Ackerarbeiten eingewöhntes Pferd war das kein Problem, weil die Pflugschar keine zehn Zentimeter in

den Boden eindrang. Aber für August? Der bald „der Starke“ heißen würde? Natürlich auch keines! „Mit festem Schritt und Tritt“, ein Modebegriff jetzt, anders kann man es nicht beschreiben, zog August, „seinen“ Krischan hinter sich, den Pflug bis zum nächsten Ackerrain. Dort wendete August wie von selbst, um die Gegenfurche zu ziehen.
Eine Woche Lehrzeit machte aus August einen Gesellen, in zwei weiteren Wochen war er Meister geworden. Ganz Nimmersatt schlackerte mit den Ohren, August hätte auf der Stelle in einer öffentlichen Versteigerung einen Traumpreis für Krischan, Meta und Erdmute errungen...

Das Jahr 1939, erster Teil

Schon im Vorjahr hat Adolf Hitler mehr erreicht, als er je in seinen Anfangszeiten erhoffen konnte. Er selbst hat öffentlich verlauten lassen, keine territorialen Forderungen in Europa mehr zu haben. Nicht nur seine deutschen Mitbürger glauben ihm, auch alle nicht braun eingefärbte Welt glaubt ihm, hochrangige Politiker dabei, kluge Köpfe unter Zylindern und meist befrackt. Wie soll da eine politisch höchst einfältige Frau wie Erdmute Abramowsky einer Alwine Worpenberg glauben, sie sei, nebst ihrem Sohn Krischan und ihrem Pferd August am Leben gefährdet, weil sie alle im Nordosten des Reiches lebten!
„Dorthin“, hat Alwine geschrieben, „hat der Führer seine gierigen Blicke gerichtet und wird sich holen, was er haben will. Und weil Frankreich sich noch immer als Schutzmacht Litauens fühlen mag und nach dem Weltkrieg Litauen zum Memelland verholfen hat, wird es gewiss nicht zulassen, dass Deutschland es sich einfach so mirnichtsdirnichts zurückholt...“

Erdmute ist nicht so einfältig, sich nicht zu fragen, woher Alwine solche Probleme kennt.
„...und darum mache ich Dir und den Deinen das Angebot, jetzt rechtzeitig, ehe ein Krieg ausbricht, nach hier zu kommen und eine neue Existenz aufzubauen. Hansgeorg hat Arbeitsmöglichkeiten für Dich und Edeltraut, Krischan, Meta, Augusta und August, und Krischan und Meta können hier auf eine bessere Schule gehen als in Nimmersatt...“
Erdmute ist klug genug einzusehen, dass diese Argumente stimmen, aber ihr Schwanken, ja oder nein, erhält mit dem letzten Absatz des Briefes den entscheidenden Ruck nach „ja“.
„...Wilhelm hat seinem Bruder, meinem Mann, wie beiläufig geschrieben, dass er sein Hofgelände inklusive der Heuerhäuser gern umgestalten möchte, aber nicht wisse, wie er Erdmute und Edeltraut mit ihren Kindern und Pferden auf anständige Art und Weise loswerden könne.“
Erdmute steckte den Brief fort und machte sich zu Edeltraut auf.

* * * * *

Liebe Leserschaft, du erkennst wohl klar, dass die Hauptfiguren unserer Geschichte nun am Scheideweg ihres Lebens stehen. Wie sollen sie sich verhalten? Erdmute hat hier wenig zu verlieren, nichts gehört ihr außer Krischan. Edeltraut ist anders dran, denn ihr gehört Wolfgangs Haus samt totem und lebendem Inventar. Sie hat überhaupt noch nicht daran gedacht, hier die Klamotten zu packen und zu verschwinden. Ehe wir nun schildern, wie Erdmute und Edeltraut erst stumm, dann lebhaft zusammenhocken und eine tolle Geschichte rasch ausbaldowern, müssen wir uns der hohen Politik des laufenden Jahres zuwenden.

Adolf Hitler, über den man mit Goethe sagen kann, „das Unaussprechliche, es ist geschehn“, machte nun 1939 seinen Kardinalfehler – ein Genickbruchfehler sozusagen: Er okkupierte den Rest der Tschechoslowakei, als sei in der hohen Politik Lügen genauso gebräuchlich wie, sagen wir einmal, im Geschäfts- und Privatleben. Er, als beruflich unausgebildete Niete, hatte keine Ahnung davon, wie man mit Leuten wie Neville Chamberlain umgehen sollte. Man darf seine etwas antiquiert erscheinende Figur belächeln und einer längst vergangenen Epoche zuordnen, aber er ist ein Gentleman vom Zylinder bis zur Sohle. Und mag es nicht, öffentlich geprellt zu werden. Denn dann können britische Gentlemen zu Furien und Berserkern werden – genau das geschah jetzt!

Kaum hat Hitler die Tschechoslowakei eingesackt, kam Litauen an die Reihe. Am 20. März 1939 forderte der deutsche Außenminister Litauen auf, das Memelland zurückzugeben. Schon am 22. März war die Angelegenheit geregelt, und einen Tag später kam Hitler nach Klaipeda, um die Stadt in Memel zurückzutaufen und eine seiner obskuren Reden zu halten. Noch nie ist in Nimmersatt mehr gejubelt worden als am 23. März 1939.

* * * * *

Es war just der Tag, den Erdmute zur Information ihrer Freundin Edeltraut nutzen wollte.

„Es wird Krieg geben“, sagte sie vorbereitend.

„Woher siehst du ihn kommen, Erdmute?“

Noch wussten die beiden Frauen nicht, dass sie ganz plötzlich Deutsche geworden waren, und ihre Kinder natürlich auch.
„Alwine Worpenberg aus Lengerich“, antwortete Erdmute, „schreibt mir darüber. Wir sollten uns auf die Socken machen, schreibt sie, und alle Mann schleunigst herkommen.“
„Da bin ich aber von den Socken“, wunderte sich Edeltraut.
Und Erdmute redete nun wie ein Wasserfall, und nach dessen Verrauschen kehrte für Minuten Stille ein. Aber in Edeltrauts Gehirn rasselten die Rädchen, fast wie bei Herrn Zuses neuem Rechner, und das Ergebnis konnte sich hören und sehen lassen.
„Dunnerkiel und Dunnerschlag!“, sagte Edeltraut, „das ist die Chance unseres Lebens! Wir sind arme Schlucker gegen diese fetten Großbauern hier und müssen für uns herausholen, was zu kriegen ist.“
Und sie entwickelte einen Plan, dessen Erfolg darauf basierte, dass die hiesigen Worpenbergs nicht wussten, dass die Lengericher die Pläne der Nimmersatter verraten hatten. Am nächsten Tag, Hitler und seine Kriegsschiffe waren aus der Memeler Bucht wieder nach Hause abgedampft, wo der geniale Führer seine Pläne gegen Polen weiter bebrütete, fand eine Viererkonferenz in Worpenbergs uns bereits bekanntem Wohnzimmer statt. Großagrarier Wilhelm und Herrenreiterin Rita befanden sich in Hochstimmung, gratulierten sich und ihre Besucherinnen zum neuerworbenen Deutschtum und gaben einen aus:
„Prost, auf den Führer und Reichskanzler, den wir in Schweden für den nächsten Friedensnobelpreis vorschlagen wollen.“

„Ja, bravo“, stimmte Rita zu und hängte das neue Führerbild an die Wand, „nun wird auch das Reisen ins Reich für uns hier bequemer und sicherer...“
Vier Sektgläser wurden geleert.
„...und wenn der Führer den Polen den Korridor weggenommen hat, können wir zu Fuß nach Deutschland gehen.“
„Ja“, kommentierte Erdmute, „deswegen sind wir ja heute zu Ihnen gekommen.“
„Ja“, fügte Edeltraut hinzu, „Herr Worpenberg, Sie sollten wieder einen Schinken bereithalten.“
„Denn“, erklärte Erdmute, „der nette Gauleiter, der ja jetzt auch für uns zuständig ist, soll kommen und uns, unseren Kindern und unseren Pferden die Ausreise nach Lengerich zu ermöglichen, wenigstens zu erleichtern.“

Liebe Leserschaft, hier solltest du mal wieder darüber staunen, wie unsere beiden Frauen den Worpenbergs ihren Plan untergejubelt haben; das hätten hochrangige Diplomaten auch nicht besser machen können! Wilhelm und Rita Worpenberg waren erst ein wenig schockiert, dass Erdmute und Edeltraut „sich diesen Ton erlaubten“, aber dann begriffen sie, dass sie ihnen auf der ganzen Linie zuarbeiteten – so wurde man sich schneller einig als die Politiker Europas auf der verdammten Münchner Konferenz.

* * * * *

Gauleiter Erich Koch, der noch immer keine Gelegenheit gefunden hat, seinen fiesen Charakter zu beweisen, war anfangs beleidigt, „dass wertvolle Volksgenossen meinen Dienstbereich verlassen wollen“, aber Edeltraut beruhigte ihn mit einer Entgegnung, die bewies, dass in Hitlers Sys-

tem „Teile und Schwäche" ein Gauleiter einem Regierungspräsidenten gleich- und nebengeschaltet war:
„Herr Präsident, wir, unsere Kinder und die beiden Pferde können dem Führer in den neuen Stellungen, die wir im Westen bekommen werden, besser als hier dienen."
Damit war Erich Koch ausgetrickst. Man war inzwischen an diesem sonnigen Märztag um Hof und Anwesen geschlendert und Kochs Adjutant, ein Goldfasan erster Klasse, war beim weidenden August stehen geblieben.
„Mein Gauleiter", sagte er ergriffen, „sehen Sie sich diesen Gaul an, ist der nicht prächtig!"
Der mithörende und zusehende Krischan würgte einen Kloß des Jähzorns herunter, der auf das Stichwort „Gaul" hochgekommen war, aber unter Metas Rippenstoß beruhigte er sich vorläufig.
„Wem von Ihnen gehört dieses prachtvolle Ross?" fragte Koch betont höflich.
Erdmute meldete sich und zeigte auf Krischan und Meta:
„Das Ross heißt August und gehört unseren Kindern."
„Wollt ihr ihn, das Pferd, mitnehmen?", fragte Koch leutselig.
„Auf jeden Fall, Herr Offizier", antwortete Krischan und gab August eine Stange Lakritz, „wer soll denn sonst mit ihm und seinem Charakter fertig werden!"
Der Goldfasan flüsterte seinem Chef etwas ins rechte Ohr, und die Chefaugen leuchteten auf, Krischan ballte, Böses erwartend, seine Fäuste. Aber Koch machte ihm nun einen passablen Vorschlag:
„Junger Mann, dein Pferd kommt nicht aus Ostpreußen hinaus, bevor er sich nicht gründlich hier verewigt hat."
Der Adjutant fügte hinzu:

„Der Herr Gauleiter, da ja in Vertretung unseres Führers in Ostpreußen seines Amtes waltet, wünscht, dass dein August vor der Ausreise einige unserer Stuten, vorwiegend edle Trakehner, zu Müttern macht und sich so als echter Memelländer und Ostpreuße bestätigt. Er bekommt ein Honorar dafür, das du kassieren kannst.“
Ein doppelter Handschlag wie bei Pferdehändlern üblich – und das Geschäft war besiegelt.

* * * * *

Und so kam es, dass Krischan, Meta und August Nimmersatt vorübergehend verließen, ehe sie es endgültig tun mussten, um mit einem Pferdetransporter nach Trakehnen zu fahren. Dort gab es immer eine paar rossige Stuten. Krischan und Meta, die sehr zuvorkommend von Kochs Repräsentanten hier empfangen, geleitet und geführt wurden, staunten nicht schlecht über diese Anlage, die der Preußenkönig Friedrich Wilhelm I. im frühen 18. Jahrhundert ins Leben gerufen hatte.

Hauptfigur der drei Tage hier war natürlich August, der sich vorbildlich benahm, wenn Krischan und Meta in Hör- und Sichtweite waren, und der ja, - man lese und staune -, „Jungmann“ war und dennoch zielstrebig die ihm vorgeführten Pferdedamen besprang. Ein Pferdeakt ist so etwa wie ein Gewaltakt, Krischan und Meta wussten in Sachen tierische Fortpflanzung ganz gut Bescheid, aber „das hier“ sprengte jede ihrer Vorstellungen.
„Wie kann es nur“, fragte Meta forsch, aber ganz benommen einen uniformierten Pferdewart, „einen so riesigen Pillemann geben?“

„Seine Portion Samen", erklärte der Mann, „muss tief in die Stute hinein, sonst gibt's kein Fohlen. Kapierst du das?"

„Klar", antwortete Meta, „ich bin doch nicht doof."

Insgesamt zehnmal in den drei Tagen waltete August, der tatsächlich jedes Mal zärtlich seine Liebste beschnoberte, seines wichtigen Amtes und erfreute damit Pferde, ihre Halter und ihre Besitzer gleichermaßen. Als alle drei Akteure nach Nimmersatt zurückgebracht wurden, ballte Krischan zwar immer noch eine Faust, aber diese, in der Hosentasche versteckt, umklammerte nun 1.000, - in Worten eintausend -, Reichsmark.

(Vorausblick auf unsere Zeit, liebe Leserschaft: Heute hätte Krischan, im Besitz eines solchen Pferdes, gut und gerne „satte Tausende Euro" in gleicher Zeit verdienen können – mit August als Samenspender!)

* * * * *

Kehren wir nach Nimmersatt zurück. Dort war mit Hilfe Kochs und seines netten Adjutanten die Ausreise klipp und klar unter Dach und Fach gebracht worden. Zwei Schinken, von Wilhelm und Rita gespendet, wechselten den Besitzer, natürlich zum Gauleiter und seinem Goldfasan hinüber und bewirkten, dass Kochs Büro in Königsberg Anweisung (Befehl) erhielt, alle bürokratischen Hürden abzubauen und den Weg von Nimmersatt nach Königsberg, die Schiffsfahrt von Königsberg nach Stettin, die Planwagenweiterfahrt von Stettin nach Lengerich-Aldrup sicher und reibungslos vonstatten gehen zu lassen.

„Wehe, wenn etwas schiefgeht oder eine Behörde oder ein Amt Schwierigkeiten macht! – KLs gibt's überall, meine Herren!"

Jetzt, als alles für die Ausreisenden vorteilhaft zu laufen schien, zeigten sich auch Rita und Wilhelm Worpenberg von ihrer spendablen Seite. Es ging um Edeltrauts nicht unerhebliches Eigentum, das nicht mitgenommen werden konnte, Haus und Grund zum Beispiel. Wilhelm ließ dafür 5.000 Mark springen und sicherte zu, den zweispännigen Planwagen zu spendieren, ihn mit gummibereiften Rädern zu versehen und ordentlich mit Pferdefutter und Verpflegung zu bestücken. Der Gauleiter hatte ein vom Adjutanten verfasstes Dokument anfertigen lassen, das den „Treckern" unbehinderte Fahrt und Seereise gewährleisten sollte. Aber er hatte befohlen:
„Keine Fahrt durch den polnischen Korridor! Den Polen ist nicht zu trauen, außerdem gibt's bei ihnen noch Wegelagerer und ähnliches Gesindel..."
„Zeit, dass wir dahin kommen und Ordnung schaffen", warf der Adjutant ein.
„...und man weiß nicht, wie ihre Regierung auf die moderaten Vorschläge reagieren wird, die unser Führer ihnen unterbreiten lassen wird."
Wer hellhörige Ohren und einen wachen Verstand hatte, konnte hier Drohungen heraushören! In der Zeit von Nullkommanix besaßen die Reisenden neue Personalpapiere, die sie als deutsche Reichsbürger auswiesen. Erich Koch ließ „Gute Reise" wünschen und vom Adjutanten, der nicht nur auf August sondern auch auf Erdmute seine Augen zu werfen begann, einen versiegelten Umschlag überreichen, „zu öffnen erst am Zielort".

Liebe Leserschaft, hast du gewusst, dass einige der Nazibonzen, die später Verbrechen auf sich luden und ihre Köpfe hinhalten mussten, im Zivil- und Privatleben anständige Kerle sein konnten? Wer war es, der sie zu Bestien machte? Die Antwort kann nur lauten: Dieser A. H. aus Braunau am Inn!

* * * * *

Erdmute setzte sich hin und verfasste einen Brief an Alwine Worpenberg in Lengerich, der die Abreise ankündigte und die Ankunft offen ließ. Der Planwagen in der Art der amerikanischen war fertig und beladen, Straßenkarten waren studiert und Wege und Straßen waren ausgekundschaftet worden, als Krischan anregte, Augusta und August neu beschlagen zu lassen und Reserveeisen mitzunehmen. Er selbst, Krischan nämlich, brachte in Begleitung Metas die Pferde zum Schmied und schaute noch einmal intensiv der schwierigen Arbeit des Schmieds zu. Verschwieg aber, dass er schon im vorigen Jahr August die Hufeisen eigenhändig verpasst hatte.

Krischan und Meta, nun 9, machten beide den Eindruck, 12 oder 11 zu sein, die viele selbständige Arbeit hatte sie äußerlich wie innerlich geprägt und sozusagen halberwachsen gemacht. Der Planwagen war als Wohnwagen hergerichtet, in dem man gemütlich schlafen und sogar kochen konnte. Unser Quartett diskutierte am vorletzten Abend einige Möglichkeiten durch:

„Wir dürfen wegen der Pferde nichts übereilen“, sagte Erdmute, „sie müssen unterwegs ausruhen und weiden können.“

„Wir können", schlug Krischan vor, „auch bei Landwirten essen und schlafen und dafür, wenn notwendig, einige Arbeiten mit den Pferden verrichten."
„Vielleicht", regte Meta an, „kann August auch unterwegs, wo's möglich ist, ein paar Stuten decken und wir nehmen Fressalien dafür in Zahlung."
„Ich habe einige Sachen Wolfgangs dabei", sagte Edeltraut, „die wir notfalls versilbern können."
„Im übrigen", sagte Erdmute, „besitzen wir jetzt mehr Geld, als wie je zu hoffen gewagt hätten."

* * * * *

Es geht los!

Der 1. April war schon damals ein „Veräppelungstag", und in Nimmersatt mag auch mancher Bürger tatsächlich veräppelt worden sein, aber es flossen mehr Trauer- als Freudentränen. Eine Gemeinschaft auf Biegen und Brechen zerbrach, als Augusta und August anzogen und der Planwagen nach fünf Minuten in der nächsten Kurve auf Nimmerwiedersehen verschwunden war. Krischan lenkte, die anderen drei zwängten sich eine Weile auf dem Bock nebeneinander, bis Erdmute und Edeltraut sich ins Innere des Wagens verzogen. Die Fahrtroute bis Königsberg stand fest: Heydekrug, Karkeln, Gilge, Labiau, Königsberg. Augusta und August, die gern zusammen arbeiteten, schritten mächtig aus und schnauften dabei unternehmerisch. Im April ist im Nordosten der Winter noch nicht endgültig vorüber, aber die Sonne hat die Kraft des Monats August und ein leichter Südwind brachte die ideale Reisetemperatur.

Gegen heute gerechnet waren die Straßen und Seitenwege so gut wie menschenleer von Privatleuten, doch das

Militär war, wie unsere Reisenden glaubten, viel zu Manövern unterwegs. Noch fünf Monate, dann würde „Hitlers Geheimnis“ gelüftet sein!
„Du“, sagte Erdmute jetzt zu Edeltraut, und beide schauten hinten aus dem Wagen, „kannst du mir sagen, warum heute so viel Militär unterwegs ist?“
Konnte Edeltraut vorerst nicht. Die neuen VW-Kübelwagen, die sie noch nie gesehen hatten, kurvten durchs Gelände und nahmen keine Rücksicht auf die Landleute, die auf ihren Feldern und Äckern beschäftigt waren. Augusta und August kannten auch kaum Automobile, überhaupt keine Flugzeuge, aber so langsame und geräuscharme wie ein Fieseler Storch konnte sie nicht aus der Ruhe bringen. Fasste man alle Bewegungen der Militärs zusammen, so war die Ausrichtung nach Osten unübersehbar.
„Was liegt“, fragte Edeltraut, „von hier gesehen im Osten?“
„Polen“, klang es von vorn vom Bock herein, wo Meta mitgehört hatte, „hast du nicht gehört, Mutti, dass Tante Rita ‚denen geht's jetzt an den Wickel' gesagt hat?“

Als es kurz vor Karkeln zu dunkeln begann, steuerte Krischan den Wagen auf einen Bauenhof, „wo wir übernachten sollten“. Sie stiegen aus, Krischan und Meta begannen die Pferde abzureiben und zu versorgen, als der Hofbesitzer, ein Kerl wie ein masurischer Rübezahl, sich vor ihnen aufbaute und fragte:
„Was wollt ihr hier?“
Krischan kramte Erich Kochs „Permit“ aus der Joppentasche und präsentierte es:
„Können Sie lesen, mein Herr!“

Bauer Konrad Teschlade, „der starke Konni“ gerufen, so stark, dass er unser Quartett mit Leichtigkeit auf die Schippe hätte nehmen können, begann mit dem linken Auge zu lesen, während sein rechtes den beiden Frauen zugewandt war, die jetzt hinten aus dem Planwagen stiegen. Er lehnte sich an Augusta, die in seinen Ärmel biss.
„Soso“, sagte er, „der Herr Gauleiter schickt euch also. Ist das eine Empfehlung oder nicht?“
Seine Frau, eine Matrone von hundert Kilogramm, und zwei seiner Söhne, Burschen wie Kulaken, waren herangekommen.
„Das müssen Sie ihn selbst fragen“, antwortete Erdmute, „er wird morgen hier vorbeikommen.“
„Im übrigen“, fügte Edeltraut hinzu, „wollen wir gar nichts ohne Bezahlung.“
„Wir haben“, ergänzte Krischan und nahm dem Bauern das Dokument aus der Hand, „mehr Knete als Sie alle zusammen.“
„Was ist Knete, junger Mann?“, fragte die Bäuerin.
„Das sagt man in Nimmersatt zu Geld, junge Frau“, antwortete Meta freundlich..
Mürrische Gesichter glätteten sich.
„Wir möchten hier auf dem Hofgelände übernachten“, erklärte Erdmute jetzt noch freundlicher, „bezahlen alles reichlich und brauchen nur Waschgelegenheit, eine Pinkelmöglichkeit und Wasser und Futter für die Pferde...“
Von der nahen Pferdeweide her erklang solch schmetterndes Gewieher, dass August aufhorchte und ebenso schmetternd antwortete. Krischan horchte auch auf:
„Bauer, ist deine Stute da rossig?“
„Scheint so, Junge.“
Krischan tat die rechte Hand auf:

„Zehn Mark her, Bauer, unsere beiden Pferde über Nacht auf diese Weide, und du hast später ein Fohlen, das dir auf jeder Auktion das Zehnfache einbringt."
Solch eine Rechnung macht jeder Bauer gern! Es wurde ein Aufenthalt so voller Harmonie und Eintracht, dass niemand mehr an Erich Koch dachte und an die vielen Soldaten, die gen Osten marschierten. Nachts, als die Reisenden im Wagen und die Bauern in getürmten Federbetten schliefen, rumpelten und pumpelten in mäßiger Ferne Panzer vorbei. Panzer? Die kannte hier weder Altbauer Theopold, 101, noch der übernächste kleine Hoferbe Johannes, 1, und noch nicht lauffähig.

Am nächsten Tag erreichte der Treck Labiau. Unterwegs gab es wieder ein Abenteuer, dessen Hauptdarsteller, - wie konnte es anders sein? -, August war. Hier erhielt er seinen endgültigen Beinamen „August der Starke". Ein VW-Kübelwagen hatte sich einen Kilometer vor Labiau festgefahren und war in den Graben gerutscht. Erdmute hielt an, aber Krischan, der sich schon als Treckleiter betrachtete, stand schon vor dem Unglücksauto:
„Was ist los, Herr Oberleutnant?"
„Oho, Junge, du kennst meinen Rang?"
„Ich kenne jeden vom Gefreiten bis zum Marschall."
„Wie alt bist du denn?"
„Neun, Herr Oberleutnant."
„Siehst aber wie fünfzehn aus, Donnerwetter."
Krischan schaute Meta an und warf sich in die Brust.
„Unser August", sagte er, „ist das stärkste Pferd rundum und kann Sie da rausziehen, wenn Sie wollen."
Der Oberleutnant sah sich August an und Meta erklärte, dass die Mutter Augusts daneben stehe. Der Oberleutnant schien sowohl Pferde- als auch Frauenkenner zu sein. Er

stellte sich mit „meine Damen“ und durch angedeuteten Handkuss vor.
„Meinen Namen und meine Einheit darf ich Ihnen nicht nennen“, sagte er, „wir spielen hier Krieg und der Feind hört mit.“
„Krieg?“, fragten Erdmute und Edeltraut unisono, „der Führer will doch Frieden, oder?“
Der Fahrer des Autos half inzwischen Krischan, August vorzuspannen. Krischan hatte für alle Notfälle dafür gesorgt, dass August auch einspännig eingesetzt werden konnte. Er spannte also vor, gab August ein Stück Lakritz, flüsterte ihm „immer feste druff“ ins Ohr und ließ ihn zur Probe anrücken, bis das Seil sich gerade spannte.
„Der schafft das nie“, sagte der Oberleutnant.
„Wetten?“, fragte Krischan erregt.
„Ja, worüber?“
„Fünfzig Mark.“
„Geld darf ich nicht geben“, sagte der Oberleutnant, „aber ein Fresspaket, eine Eiserne Ration, kann ich setzen.“
„Zwei“, rief Meta.
„Einverstanden.“

August hatte unterdessen das Abschleppseil stramm gehalten und schaute Krischan erwartungsvoll an.
„August, los geht’s!“
Der Fahrer hatte sich ans Steuer gesetzt, um helfend gegensteuern zu können: In einer Minute stand der VW fahrbereit auf der Straße.
„Der ist ja stärker als August der Starke“, bewunderte der Oberleutnant, „der ja immerhin, heißt es, eine Kanone aus dem Sumpf ziehen konnte.“
„August der Starke!“

Welch ein Name für einen Starken! Der Oberleutnant rückte die beiden Pakete heraus und wollte sich dann den Damen widmen.
„Woher kommen Sie, bitte?"
„Aus Nimmersatt, Herr Soldat", rief Meta.
„Und wo wollen Sie hin?"
„Nach Aldrup natürlich, wohin sonst!"
Edeltraut ergänzte die Aussagen ihrer Tochter:
„Nimmersatt liegt jenseits von Memel, das nun wieder deutsch geworden ist. Und Aldrup ist eine Bauerschaft bei Lengerich, die zwischen Münster und Osnabrück liegt."
„Aha, Münster kenne ich, ist ja ein Generalkommando."
„Was ist ein Generalkommando?", fragte Krischan, der August wieder eingespannt hatte.
„Eine Stadt, wo ein General das Sagen hat, junger Mann."
Nun wollte der Oberleutnant natürlich wissen, was es sich mit dieser Reise zu viert auf sich hatte. Erdmute erklärte kurz und knapp:
„In Nimmersatt haben wir unsere Arbeit verloren und in Lengerich eine neue gefunden, Herr Oberleutnant."
„Und durften einfach so losfahren?"
„Nein, nicht einfach so. Gauleiter Erich Koch hat uns den Weg freigemacht, uns neue Pässe und einen Passierschein ausstellen lassen, der fürs ganze Reich gilt."
„Und warum fahren Sie nicht mit dem Zug?"
„Durch den Korridor? Nein. Wir wollen Pferde und Wagen mitnehmen, die uns gehören, und Sie sehen ja, dass unsere Kinder ihren Mann stehen wie Erwachsene."
„Das stimmt. Und wie geht's weiter?"
„Wir fahren bis Pillau, steigen mit allem auf einen Küstenpram um und reisen nach Stettin. Dort geht's nach Westen

weiter, über Hannover und Osnabrück. Im August wollen wir da sein, unsere Pferde schaffen das."

Der Oberleutnant bedauerte sehr, dass er zur Zeit im Dienst stand, im Kriegsdienst sogar, wie er intern vom Widerstand erfahren hatte, „sonst", dachte er kurz an, „hätte ich mir eine der beiden Frauen gekrallt".

„Sehen Sie zu", riet er ernst, „dass Sie von hier fortkommen, denn England hat soeben den Polen freie Hand gegen Deutschland gegeben."

* * * * *

Kurz vor Labiau kehrten sie wieder bei einem mittleren Bauern am Stadtrand ein. Er war ein Pferdenarr und betrachtete zuerst August, dann Augusta und schließlich die Reisenden selbst. Hin und Hergerede über Herkommen und Reiseziel, ein Nachtobdach im Nebengebäude und die Weidemöglichkeit für die Pferde waren für diesen Bauern eine Nebensache.

„Kaufe Ihnen den Hengst ab", sagte er, „wieviel soll er kosten?"

„Unverkäuflich", sagte Krischan drohend, „weil er mein bester Freund ist."

Er kramte in seinem Taschengeld und gab dem Bauern 50 Mark „für alles bis morgen früh".

Augusta und August wurden auf eine Weide gebracht, die so groß war, dass man sie vom Eingang her nicht überblicken konnte. Dann ging's zum Abendessen, Bratkartoffeln mit Rührei und Salzgurken, warme Kuhmilch dazu. Die Bauersleute erzählten, noch keine Kinder zu besitzen und

ließen durchblicken, Krischan „an Kindes statt“ annehmen zu wollen.
„Unverkäuflich“, sagte Meta drohend, „weil er doch mein bester Freund ist.“
Jetzt verriet der Bauer, dass sie in Königsberg aufpassen müssten, „viel Militärverkehr dort und Kettenhunde stehen an den Straßen und kontrollieren jeden.“
„Was sind Kettenhunde?“, fragten Krischan und Meta gleichzeitig.
„Das sind“, antwortete die Bäuerin, „Militärgendarmen, die Soldaten und Zivilisten festnehmen können, die ihnen verdächtig vorkommen. In Kriegszeiten sind sie besonders rabiat.“
„Kriegszeiten?“
„Ja, die haben wir bald, wenn die Polen uns zu überrennen versuchen sollten.“
Erst gegen 10 Uhr war es richtig dunkel und unser Quartett wollte schlafengehen.
„Ich bleibe draußen“, sagte Krischan, „ich traue dem Bauern nicht wegen August.“
Erdmute und Edeltraut wollten protestieren, erreichten aber nur, dass Meta ihren Krischan keinesfalls alleinlassen würde. Krischan nahm nicht nur seinen Knotenstock aus echter Memeleiche mit, sondern auch seine Schleuder „made by himself“, mit der er treffsicher Fichtel&Sachs-Kugellagerkugeln verschleudern konnte – jede Kugel ein Treffer.

Am Eingang der Pferdeweide befand sich das große hölzerne eingerastete Heck, das aufgeschwenkt werden musste, um den Zutritt zur Weide zu öffnen. Davor verlief der Fahrweg, neben dem ein dichtes Fichtengestrüpp lag,

hinter dem sich Krischan und Meta, unter und um sich eine warme Decke, nun niederließen.
„Wir sollten“, riet Meta, „unsere beiden Pferde hierher locken, ihnen eine Portion Lakritz geben und zusehen, dass sie nicht bis hinten auf die Weide abgehen, wo wir sie nicht sehen können.“
Nun, das war wohl genial gedacht von einer Neunjährigen. Und so kam es, das Augusta und August in Sichtweite der Kinder blieben und selbst durch Ohrenspitzen und warnendes Schnaufen anzeigten, dass sich Menschen nahten.

Was jetzt geschah, hätte sich auch im Wilden Westen Amerikas abspielen können. Der Bauer, leicht an seinem Flüstern zu erkennen, und ein anderer Mann traten ans Heck und freuten sich wohl, die Pferde hier schon vorzufinden. Der Bauer wollte kein Unmensch sein und den Fremden durchaus ein Pferd belassen, Augusta natürlich! Aber er konnte nicht wissen, dass diese ein Austreter war und schon einen Menschen getötet hatte – wehe dem, der ihr wehetat! Augusta erhielt nun von Krischan einen Poposchuss, den sie böse wiehernd quittierte und damit ihren Sohn, August nämlich, aufmerksam machte. Die zweite Kugel war ein Kopfschuss, justemalen, als der Helfer hinter Augusta stand. Er bekam ihr linkes Hinterhufeisen in den Bauch gestemmt, dass er sofort zu Boden fiel. Und als Krischan, schweren Herzens gewiss, auch August beschoss, trat dieser nach vorne aus und traf das Knie des Bauern:

„Knirschen Knochen zur Frühlingszeit,
ist der Sommer nicht mehr weit.“

* * * * *

Schon früh am Morgen durchfuhr unser Gespann die Stadt Labiau, ohne aufzufallen und erreichte am folgenden Nachmittag dann Königsberg. Keiner der Landleute hatte sich zum Abschied blicken lassen und Krischan und Meta ließen über ihr nächtliches Abenteuer nichts verlauten.
„Königsberg!"
„Die erste Großstadt unseres Lebens!"
Der alte Verkehr mit Pferdekarren und ersten Straßenbahnen mischte sich mit dem neuen, der Automobile und so genannte Kraftfahrzeuge hervorbrachte. Militärpersonen überall.
„Schaut mal", rief Meta, „da hat einer Hosen mit roten Streifen daran an! Ist das ein Nikolaus?"
„Das ist ein Offizier vom Generalstab", erklärte Krischan.

Wir müssen erwähnen, dass auf den Rat des vorgestrigen Bauern hin nicht mehr die Kinder kutschierten, sondern Erdmute und Edeltraut sich abwechselnd. Das sollte sich jetzt auszahlen!
„Da, zwei Kettenhunde!", rief Meta aufgeregt.
Krischan hatte ihr erklärt, dass man sie an einem Halbschild, welches sie mit Hilfe einer Kette vor dem Bauch tragen, erkennen kann. Kettenhund Nummer 1 winkte unser Gefährt zur Seite, Nummer 2 beobachtete weiterhin den übrigen Verkehr. Beide hatten ein Gesicht aufgesetzt, das ihrer militärischen Position entsprach. Nummer 1 umstrolchte den Wagen, sah die Kinder lächelnd an und forderte Erdmute auf:
„Papiere!"
Sie gab ihm Erich Kochs Passierschein. Sogleich zog ein Sonnenschein des Verstehens über sein Gesicht, doch wollte er nicht sofort klein beigeben:
„Haben Sie Personalpapiere?"

Er fand alle vier in Ordnung und fragte in privatem Tonfall:
„Es interessiert uns immer, wo Leute herkommen und wo sie hinwollen.“
„Sie kennen beide Ortschaften nicht, Herr Major“, sagte Krischan.
„Glaub das nicht, junger Mann, ich hatte in Erdkunde immer ‚ne Eins.“
„Sie heißen Nimmersatt und Aldrup“, warf Meta ein.
„Und liegen“, ergänzte Erdmute, „bei Memel und Osnabrück.“
„Und da wollen Sie hin, meine Damen, mit Ihren Kindern?“
„Ja“, sagte Krischan, „wir können da sofort einen großen Bauernhof übernehmen.“
„Warum?“, fragte 1 plötzlich, „hast du keine Hitlerjungenuniform an, die sollte man auf Reisen immer tragen.“
„Bin kein Hitlerjunge, Herr Major, bin doch noch keine 10.“
Ach ja, das hatte 1 tatsächlich im Ausweis übersehen.

* * * * *

Es begann zu dunkeln, als sich der Planwagen endlich durch Panzerspähwagen, Flakgeschütze, Kolonnen und den Zivilverkehr bis Groß Heydekrug durchgesetzt hatte. Erdmute und Edeltraut hätten gern den Dom besichtigt und andere geschichtliche Bauwerke, aber sie bekamen das Gefühl, dass es besser wäre, dem vielen Militär hier den Rücken zu kehren. Sie kehrten diesmal in einem kleinen Gasthaus ein, das keine Speisekarte führte, aber nach den Küchendüften auch keine nötig hatte.

Endlich einmal wieder ein wenig Zivilisation, duschen, baden, Kleider wechseln, Schuhe putzen und dergleichen, und die Kinder länger ruhen lassen. Nach Pillau war's nicht mehr weit, schon spürte man heimatliche Ostseeluft und hörte den bekannten Schrei aufdringlicher Möwen. Für Augusta und August waren zwei Ställe vorhanden, sie wurden von Krischan und Meta gestriegelt und geputzt und sahen noch putzmunter drein. August der Starke! Auf dieser Reise würde er erst richtig erwachsen werden, er genoss es, in Pausen und auf Haltestationen von Kindern und Halbstarken geliebkost und gefüttert zu werden. So war die Welt für Krischan, Meta, Augusta und August in Ordnung, die Kinder konnten wegen ihres jugendlichen Alters nicht erkennen, was hier nicht in Ordnung war.

Zum Beispiel diese endlos langen Kolonnen von dunkel bis schwarz gekleideten Männern und Frauen, die in Königsberg aus dem Bahnhof strömten und in Richtung Osten abtransportiert wurden. In Nimmersatt waren nur Bruchstücke der Verbrechen durchgesickert, die an deutschen Juden begangen wurden. Erdmute und Edeltraut waren vollkommen ahnungslos.

„Was sind das für Menschen?", wagte Edeltraut einen „Schupo" zu fragen.

Diese Schupos (Schutzpolizisten) waren ganz normale Polizeibeamte, meist für die öffentliche Ordnung zuständig und den Verkehr. Sie trugen damals noch ihre charakteristischen Helme, ähnlich wie des Preußenkönigs Friedrich Wilhelm Lange Kerle.

„Es sind Juden", antwortete der Beamte, „und werden vom Führer ausgesiedelt."

Dieses „Aussiedeln" sah jetzt, im April 1939, so aus: Man brachte sie zur deutsch-polnischen Grenze, schubste sie hundert Meter nach Polen hinein und ließ sie unter der Drohung „wer zurückkehrt wird erschossen“ allein – ausgesiedelt, ruckzuck! Wenige Tage später konnte man den Polen vorwerfen, sie kümmerten sich nicht um die Aussiedler und ließen sie auf offenem Feld verkommen.

Ein paar Tage der Ruhe, dann ging es über Fischhausen und Tenkitten nach Pillau. In diesem Seehafen wurde unsere Reisegesellschaft von der Hafenbehörde schon sehnlich erwartet, denn Erich Koch und seine Mannen waren nahebei und schienen kontrollieren zu wollen. Eine Hochseeprame lag im Hafen bereit zur lustigen Seefahrt nach Stettin.

„Gibt’s unterwegs U-Boote?“, fragte Krischan einen Matrosen, der überwachte, wie Augusta und August den Planwagen aufs Schiff zogen.

„Wie kommst du auf diese Frage, Junge?“

„Weil doch alle vom Krieg reden.“

Der Matrose nahm ihn bei der Hand und führte ihn zu einer Stelle, wo man von der See her auf die Stadt und die Strände schauen konnte.

„Guck dir das an“, erklärte er, „die vielen fröhlichen Menschen an den Stränden, das Leben und Treiben, obwohl noch nicht einmal Urlaubs- und Ferienzeit ist. Wenn erst die Sommerferien begonnen haben, findet hier keine Krabbe mehr Platz am Wasser. Die Hotels und Zimmervermieter sagen, dass schon jetzt mehr ausgebucht sei als vor Jahren. Glaubst du, so wäre es, wenn ein Krieg in der Luft läge?“

* * * * *

Auf der Prame waren zwei richtige Pferdeställe eingerichtet, Pferdefutter wie Heu, Runkelrüben und Hafer lagerte nebenan, der Mist wurde einfach über Bord geworfen. Erst in drei Tagen sollte es losgehen. So blieb für die Kinder viel Zeit, die Pferde zu pflegen und täglich zweimal auszuführen, sehr zur Freude der vielen Hafenkinder. Augusta zeigte sich ziemlich niggelig, wenn ihr Kinder aufgesetzt wurden, August jedoch war der Kinderfreund in Reinkultur und führte manchmal, von Krischan geleitet, drei oder vier der Kleinen auf einmal spazieren.

Das Jahr 1939, zweiter Teil

Ehe die Reise weitergeht, liebe Leserschaft, bitten wir, auf einer der Bänke Platz zu nehmen, wo man einen famosen Überblick hat und den Kopf zum Träumen zurücklehnen kann.

„Träumen in die Zukunft!"

Winter 1944 auf 1945! Pillau, die Hafenstadt der letzten Hoffnung. Hier stehen Hunderte ähnlicher Karren und Wagen, mit denen unsere Reisenden angekommen sind, noch bespannt mit Pferden, Maultieren und Ochsen, die brüllen, wiehern und scharren. Nicht einmal alle leergeräumt. Nicht weit entfernt an den Anlegestellen drängen sich jene, die mit den Gefährten angekommen sind, aus Tilsit, Memel, Nimmersatt, Königsberg und anderen Orten, die nun im Sturm aus dem Osten untergehen werden. Bei den Schiffen, die dem Befehl eines Admirals folgen, soviel Menschen wie möglich in den Westen Deutschlands abzutransportieren, kämpft jeder gegen jeden, Kleinkinder werden zertreten oder ins Wasser geschubst, Greise und Greisinnen, die es bis hierher geschafft haben, müssen wegen Überfüllung der Schiffe zurückbleiben und erfrieren in der folgenden Nacht. Zu allem Überfluss, wie gegen Langeweile ankämpfend, stoßen metallene Raubvögel auf die Menschen hinab und lassen die Leuchtspuren ihrer Geschosse unter sie fahren.

* * * * *

Liebe Leserschaft, genug der geträumten Schrecken? Ja, so wird es hier hergehen in wenigen vier oder fünf Jahren! Nicht ein einziger Mensch im Europa von 1939, auch der hellsichtigste Hellseher nicht, kann sich solch eine Szenerie vorstellen...

Noch einmal konnte sich Adolf Hitler, jetzt, wo Erdmute, Edeltraut, Krischan und Meta einen letzten Hafenbummel machten, - morgen, am 21. April, sollte es weitergehen -, konnte also der Führer sich zum letzten Mal als Friedensfürst feiern lassen. Es hieß, er habe zum Geburtstag am 20. soviel Post gekommen, dass sein Reichskanzleibüro, würde es das müssen, bis zur ihrer Beantwortung fünf Jahre beschäftigt sein müsste.

„Wir hätten ihm auch gratulieren können“, sagte Krischan.

„Schließlich“, fügte Meta hinzu, „hat er uns bis hierher geleitet.“

„Ja“, sagte Erdmute einlenkend, „ihr habt recht, Kinder. Auch der Exkaiser in Holland, der noch lebt, soll ihm Blumen und nette Grüße geschickt haben.“

„Ja“, stimmte Edeltraut zu, „und Mussolini, Franco und selbst Stalin waren so konziliant, zu gratulieren. Dazu einige Politiker und Diplomaten aus den USA.“

Deutsche und europäische Antikommunisten und Kommunisten schlackerten mit den Ohren! In Nimmersatt stand

die brave Rosalie Fahrenhorst, Köchin der Worpenbergs und ursprünglich aus Köln stammend, am besagten 20. April 1939 nach Feierabend vor ihrem goldgerahmten Führerbild, faltete die Hände und sagte traurig-heiter:
„Wenn ich a kleins Hitlersche hätt, mit der Flasch tät ich's großziehn."

Erdmute und Edeltraut wussten später nicht anzugeben, warum sie dem Hitler nicht über den Weg trauten. War es ihr mütterlicher Instinkt, von keinem Ehemann beeinflusst, und die Sorge um ihre so menschenfreundlichen Kinder, die wohl nie anderen Menschen wehe tun könnten? Diese Sorge, dass es, nicht unbedingt jetzt, aber in absehbarer Zeit, Krieg geben würde, in dem Krischan als Soldat auf andere Krischans, Iwans, Billys und Henrys schießen müsste?

* * * * *

Hafengetute soll überall auf der Erde irgendwie gleichlautend sein, Variationen sind nicht ausgeschlossen. Und heute in Pillau, es ist der 21. April 1939, klang es gewiss nicht anders als gestern und so weiter. Aber von der Prame „Hela", ein alter Seebär sozusagen, klang es wie „kommet her zu mir alle, die ihr mühsam und beladen seid, ich will euch heimbringen".
„Werden wir seekrank?", fragte Krischan.
Sein noch junger, an Turbulenzen wenig gewöhnter Magen war seine körperliche Schwachstelle. Nun, er war nicht mehr weit von der Pubertät entfernt, und auch Meta würde ein frühreifes Mädchen werden.

Während Hela nach Westen dampfte, holten Erdmute und Edeltraut lange Versäumtes nach: die Schulbildung ihrer Kinder. Krischan und Meta hatten die Schule natürlich nicht vermisst, sahen aber ein, dass sie in Aldrup sitzenbleiben würden, wenn sie nichts lernten.
„Dass du mit Pferden umgehen kannst“, sagte Erdmute, „bringt dir dort nicht viel ein.“
„Dass du einen Garten ganz allein bearbeiten kannst“, sagte Edeltraut, „wird dir dort nicht viel einbringen.“
Also: Morgens, nachmittags und abends Augusta und August, die jetzt auf offenem Verdeck überdacht untergebracht waren, verpflegen, warten und füttern ja, aber am Vor- und Nachmittag jeweils zwei Stunden Unterricht im Lesen, Schreiben und Rechnen, dazu Erdkunde und Geschichte in Maßen. Bei gutem Wetter auf, bei schlechtem, vor allem bei kaltem Ostwind, unter Deck. Dabei entpuppten sich Erdmute und Edeltraut als so perfekte Lehrerinnen, dass sogar das Schiffspersonal vom Smutje bis zum Kapitän, oftmals teilnahmen.
„Haben Sie aufs Lehramt studiert, meine Damen?“, fragte der ältliche Kapitän Hinnerk Teepe, 64, der kein Kriegskommando mehr bekommen würde. Die Damen verneinten natürlich.
„Da kann man mal sehen“, fuhr Hinnerk fort, „dass dieses ganze Studieren nichts als Mumpitz ist.“
Im Übrigen lobte er seine Fahrgäste über den grünen Klee, „mutige Frauen sind das und tapfere Kinder“, aber er riet, „sehen Sie zu, bald daheim zu sein.“
Erdmute wollte spontan „warum?“ und „wieso?“ fragen, aber der Steuermann kam ihr mit lautem Ruf zuvor:
„Schlachtschiff an backbord!“

Alle vorhandenen Augen drehten sich auf See. Ja, in fünf Meilen Abstand, fuhr es, von Westen kommend, in Richtung Osten vorbei. Der Kapitän sah eine halbe Minute durchs Glas und sagte dann:
„Das ist die Schleswig-Holstein, ein Linienschiff aus dem Weltkrieg, das noch unter Kohle fährt. Mein Ältester ist drauf!“
Sein Gesicht zeigte Verachtung und er gab das Glas an Krischan weiter, der es dann Meta reichte.
„Sie fährt nach Danzig“, sagte der Kapitän, „und soll wohl die Polen dort die Hosen vollmachen lassen.“
Sein Hohn war unüberhörbar und Erdmute und Edeltraut schauten sich betreten an. Der alte Mann gefiel ihnen, „er könnte ein netter Großvater für Krischan und Meta sein“ – Hinnerk dachte genauso; doch davon später mehr. Als der Kapitän in seine Kajüte gegangen war, sagte der Steuermann:
„Sie müssen ihm nichts nachsehen, meine Damen. Er hat vor fünf Jahren seine Frau verloren, seine beiden Söhne dienen in der Kriegsmarine und hoffen auf Einsätze.“
Da war es wieder: dieses Kriegsgerede!

* * * * *

In der Dunkelheit, die Hela dümpelte befehlsgemäß in langsamer Kriechfahrt dahin, hatte Hinnerk Teepe die beiden Damen zum „Käpten's-Dinner“ geladen. Es ging ihm nicht ums Essen, wenn er auch froh zusah, dass Erdmute und Edeltraut wie germanische Berserkerinnen zuschlugen. Seine Blicke, zwar nicht erotisch ausgeprägt, gingen über sie hin und her, auf und nieder, wie es früher königliche Hurenböcke mit ihren Mätressen taten, aber er war ein

grundsolider Seemann ehemals kaiserlicher Marine, und hatte für die Zukunft Interessantes auf dem Herzen:
„Wenn ich Sie so ansehe, meine Damen, dann denken Sie bitte nicht an Verwerfliches. Ich bewundere Ihre Art, wie Sie mit ihren Kindern ohne Männer durch die Zeiten gehen oder fahren. Und ich könnte Sie beide, oho und ahoi, auf der Stelle heiraten. Ende des Jahres gehe ich in in Pension, alte Knacker wie mich kann dieser Hitler nicht gebrauchen."
Erdmute und Edeltraut zuckten zusammen, nicht etwa, weil Hinnerk vielleicht ihre Herzen getroffen hätte, nein, das war es nicht, aber beide dachte dasselbe; Erdmute sprach es aus:
„Kommen Sie zu uns, Käpten, wenn Sie pensioniert sind!"

Liebe Leserschaft, denkst du auch jetzt an eine nette Liebes- oder Nützlichkeitsromanze? Wir haben hier nicht den Raum, das, was hier im Trio ausgeknobelt wurde, im Einzelnen in einer Hin- und Herdiskussion darzulegen. Nur das Ergebnis interessiert. Danach soll sich Hinnerk Anfang 1940, also bereits pensioniert, auf dem Worpenbergschen Hof sehen lassen. Wo, nach Edeltrauts Wissen, ein drittes Heuerhaus vakant und zu vergeben sei.
„Dort können Sie wohnen, Kapitän", sagte sie, „einen Garten versorgen und sind, älter und vielleicht lahmer geworden, selbst bestens versorgt."
„Und haben unsere Kinder", ergänzte Erdmute, „und August, der auch Sie ins Herz geschlossen hat, stets vor Augen und bei der Hand."
„Können Sie denn so freizügig entscheiden?", fragte Hinnerk, eine Spur besorgt.

„Was wir beide wünschen“, antwortete Edeltraut keck, „wird das Ehepaar Worpenberg, wie wir aus dem Memelland stammend, auch genehmigen.“
„Und“, ergänzte Erdmute, „bedenken Sie, dass unsere Kinder Sie hier auf der Ostsee in ihre Herzen geschlossen haben.“
„Ja, Ihre Kinder! Welche Wunderkinder...“

*****

Das hier Erzählte und Vorgeschlagene wurde abgemacht. Die geruhsame Seereise ging weiter. Krischan schlug vor, dass die Pferde bewegt werden müssten und erbot sich, sie auf dem Schiff hin und herzuführen. Das konnte der Kapitän nicht erlauben.
„Du bist zwar ein starker Kerl“, sagte er, „aber wenn ein Pferd erschrickt, kannst du es nicht halten, es geht mit dir über Bord.“
„Käpten“, sagte Steuermann Max, der Armmuskeln wie Hafentaue in Hamburg hatte, „ich war ehemals Schmied in Anklam und könnte das Bewegen der Pferde besorgen, nachdem ich ihnen die Vorderläufe gehobbelt habe.“
Es ging eigentlich gar nicht um August, der unter Führung Krischans niemals Fisimatenten gemacht hätte, außer, ja außer ein Schuss knallte über See! Augusta war da anders, sie gehorchte zwar Meta aufs Wort, besaß aber eine mehr schreckhafte und nervöse Veranlagung.

So geschah das auf See sehr Verwunderliche und dem Kapitän bisher Unbekannte, dass Pferde übers Deck geführt wurden. Der Steuermann hatte sich vorher die Füße Augustas und Augusts angesehen und schlug vor, sie nach der Landung neu zu beschlagen. Während er also mit den

Pferden spazierte, machten sich Krischan und Meta an die Reinigung des Unterstandes, indem sie den Mist über Bord warfen und den Boden mit Stroh neu herrichteten. Hinnerk Teepe konnte sich an den Kindern nicht sattsehen.

*****

Liebe Leserschaft, es ist schier unmöglich, die See- und Landreise unserer illustren Gesellschaft ab hier im Einzelnen erzählerisch auszubreiten. Sie kam, diese Gesellschaft, Ende April fast planmäßig vor Swinemünde an und erfuhr hier vom Kapitän, dass es Unsinn wäre, bis Stettin, das ja tief im Landesinneren an der Oder liegt, hinabzufahren.
„Ich lade Sie in Swinemünde aus“, sagte er, „und helfe Ihnen, Ihre Vorräte aufzufrischen. Außerdem begleite ich Sie zur hiesigen Hafenmeisterei, es muss alles seine Ordnung haben.“
Er bezweifelte zwar nicht die Wirksamkeit der Kochschen Papiere, denn, so sagte er: „Gauleiter haben jetzt, wo Hitler zum Krieg hetzt, mehr das Sagen als jeder altvordere Regierungspräsident, aber besser ist immer besser.“

Als Augusta und August endlich Land unter ihren Hufen spürten, schienen sie richtig aufzuatmen und sie rieben ihre Köpfe an Krischans und Metas Schultern.
„Ein Bild für die Götter“, sagte der Kapitän.
„Sie sind nun bestens in Schuss“, bestätigte Max, „euer Weg ist aber noch weit. Donnerwetter, am liebsten würde ich ja euer Kutscher sein.“
Es ist zu bemerken, liebe Leserschaft, dass unser Quartett überall nette Aufmerksamkeit und pure Hilfsbereitschaft erregte. Tatsächlich, stimmte das?

Der zweitoberste Nazibonze Swinemündes, immerhin war hier Kriegshafen, wollte sich vergewissern und rief die Gauleitung in Königsberg an. Nach diesem Anruf überschlug er sich in serviler Höflichkeit und ließ, nach zweitägigem Aufenthalt in der Stadt, die Reisenden bis aufs flache Land hinausbegleiten.
„Abschied ist immer ein Stückchen Tod", sagt man.
Der vom Kapitän und seinen braven Seeleuten war fast mehr als Tod.
„Und die Tränen fließen wie's Brünnlein auf den Wies'n."
Krischan und Meta, die ja durch die Ausreise um ihre nicht sehr geliebten Großeltern betrogen worden waren, ermahnten und erinnerten den Kapitän:
„Vergiss uns nicht! Komm bald nach."
„Lass alles stehen und liegen, wir brauchen dich."
Selbst August schien zum Abschied etwas äußern zu wollen, begnügte sich aber mit glanzvollen Augen und Knabbern am Kapitänsärmel.
„Wir werden uns wiedersehen", versprach Hinnerk und ließ ein paar Tränen auf eben diesen Ärmel rollen...

* * * * *

Augusta und August vergaßen den Abschiedsschmerz schnell und waren froh, flott abgehen zu können. Edeltraut hatte rasch noch eine Ansichtspostkarte mit der Botschaft nach Aldrup aufgegeben, dass sie zur letzten Etappe aufgebrochen seien. Zwischen Swinemünde und Lengerich lagen nun vier lange Monate Fahrzeit, bis die Reisenden am Abend des 31. August im Ziel ankamen.

Ein gewisser brauner Mann, der nach seiner Selbstbiografie „schon früh ein Rädelsführer" gewesen sein will und

den wir im Folgenden nur noch A.H. nennen wollen, drehte inzwischen weltgeschichtlich an jenen bekannten Schrauben, die Unheil in Gang setzen. Er sicherte scheinbar den Frieden, indem er dem roten Schurken Stalin beide Hände reichte. Gleichzeitig berichteten seine Knechte in den Medien, dass deutsche Bürger in Polen hingemetzelt würden.
„Das könne sich das Deutsche Reich nicht gefallen lassen!"

Stimmt ja, nicht wahr? Dass hier gelogen wie gestunken wurde, erfuhren die Deutschen erst nach dem Krieg, so wie die gesamte Politik des A.H. ein Gelüge und Gestinke sondergleichen war! Seine vielen so genannten Berater, Kampfgefährten und höhere Parteigenossen, allesamt als Experten ihrer Fächer auftretend und doch ausgemachte Nieten und Versager, prophezeiten A.H., Großbritannien würde niemals wegen dieser östlichen Hunnen, Polen genannt, in einen Krieg eintreten. Frankreich pflegte dieser A.H. nicht in Rechnung zu stellen, obwohl er Frankreichs Soldaten im Krieg persönlich kennengelernt hat. Als unsere Reisenden die Hälfte der Strecke Swinemünde-Lengerich hinter sich hatten, beobachteten sie erhöhten Straßen- und Zugverkehr nach Norden: Die Sommerferien begannen und trieben die Städter an die Küsten eines friedliebenden Deutschland.

Nur die Abenteuer der Reise sollen hier berichtet und für die Zukunft festgehalten werden, welche sich auf unseren tapferen und ausdauernden Hauptthelden August den Starken beziehen.

Erstens. Er deckte von Anfang Mai bis zum 25. September insgesamt zehn Stuten unterschiedlicher Rassen, Qualitäten und Auftraggeber. Als Honorare kamen zur Lieferung: ein Zentner Hafer, zwei Sack gelber Pferderüben, zwei Säcke Häcksel, drei Mettwürste, ein Schinken, ein Weidenkorb Kartoffeln, dreißig Eier, zwei zutrauliche weiße Gänse, die bis zu Hause mitreisten und auf der Viehweide Augusts ständige Begleiter wurden. Drei Weißbrotstuten, ein Kilo Butter, fünf Gläser Eingemachtes und haltbares Gemüse wie Kohlköpfe und Stangenbohnen. Nicht aufgerechnet sind hier „Friede, Freude, Eierkuchen“, die August überall, wo er auftauchte, bei freundlichen Menschen und rossigen Pferdedamen zu verbreiten wusste. Ab Mitte 1940 gingen bei Worpenbergs einige Glückwunschkarten ein, die freudig-erregt „gesunden Nachwuchs“ verkündeten. So kann man mit Fug und Recht argumentieren, dass August eine Spur ewigen Gedenkens zwischen Swinemünde und Osnabrück hinterließ.

Zweitens. Fünf Sommerfrischlerautos, deren Neubesitzer noch ziemlich wenig Erfahrung mit nichtbefestigten Straßen, Wegen und beim Zurücksetzen hatten, durfte August aus dem Dreck und den Gräben ziehen. Ihre Besitzer hatten nichts als Geld bei sich und rückten es großzügig heraus, wenn Krischan, als Führer Augusts, sich an den Seitentüren der Autos aufbaute.

Drittens. Die flotte Bäuerin Lina Heitkötter aus dem Weichbild Neubrandenburgs, bei der unsere Gesellschaft zu nächtigen gedachte, um gegen Erstattung der Pensionskosten Augusta und August Erholung zu gönnen, zeterte am nächsten Morgen:

„Minen Karle habense inne Nacht abgeholt und den Blinddarm rausgerissen, nu musser eine Woche liegenbleiben un ick hab keinen Mannskerl, der mich beim Heuen hilft!“

Hier konnte kein Nimmersatter abseits stehen! Eine Woche gesunde landwirtschaftliche Beschäftigung statt arthrose-

förderndes Sitzen und Liegen im Planwagen – da jubelten Krischan und Meta, freuten sich Erdmute und Edeltraut und wieherten lustig Augusta und August. Augusta zog zügig Heuwender und Heurechen, August war Spezialist für Leiterwagen voll Heu, auch wenn eigentlich zwei starke Pferde notwendig waren. Erdmute und Edeltraut brachten den einigermaßen verlotterten Haushalt Heitkötter auf Vordermann und fragten Lina:
„Hilft Ihnen denn niemand aus der Nachbarschaft?"
„Ach die", war die Antwort, „die glauben, ich wäre Halbjüdin, ich mit meinen blonden Haaren? Diese braunen Narren! Meine beiden Söhne, 19 und 21, haben sie aber in diese komische Wehrmacht eingezogen."
Erdmute und Edeltraut schwiegen, sie wussten bereits Bescheid um gefährliches und harmloses Pflaster und Gerede.

Krischan, Meta, Augusta und August halfen der Bauersfrau, dass die Heide wackelte, die Schwarten krachten und alles Heu unter Dach und Fach war, als eine Regenperiode anbrach und an die Weiterreise gedacht werden musste. Das Honorar? Eine Woche Fourage für alle! Dazu als Beigabe „Nelly", zweiter Hofhund des Anwesens und hier beim Gespann die erste Stelle anstrebend.
Viertens. Hier war die nach Osten aufmarschierende Wehrmacht, früher Reichswehr genannt, mitbeteiligt. Wenn man auch nicht sagen kann, dass August an der Verschiebung des Termins gegen Polen Verschulden trug; mehr schon Krischan, den mutigen Kämpfer für persönliche Freiheit, noch keine 10 alt! Unser Gespann näherte sich über eine Landesstraße einer Reichsstraße, um sie, Umwege ersparend, zu queren. Eine komplette Armee, - oder war's nur ein Regiment? -, das Heiderösleinlied singend, marschierte vorüber. Wer hatte da eigentlich Vor-

fahrt, Fußgänger oder rollender Verkehr? Krischen und Meta interessierte das einen feuchten Piepmatz, sie stiegen aus und Krischan stellte sich, wie einst in Memel gesehen, mitten auf die Reichsstraße und fuhr seine beiden kampferprobten Arme aus – natürlich quer zur Straße. Gehorsam hielten die Grenadiere des 4. Brandenburgischen Garderegiments zu Fuß an und ließen den von Erdmute und Edeltraut gesteuerten Planwagen vorüberfahren – natürlich nicht ohne die bei allen Soldaten der Welt üblichen Pfiffe und Anzüglichkeiten.

Diesen Vormarschaufenthalt hatte der IA des Regiments, Major Eberhardt von Bassewitz, bald „Oberst für hervorragende Dienste im Polenfeldzug“, später in Frankreich gefallen, natürlich fast sofort spitzgekriegt. Sein VW preschte heran und hielt. Er gedachte dieses Bauernpack, dass den ganzen Polenfeldzug aufhielt, zur Schnecke, wenn nicht gar zur Sau zu machen. Da sah er Erdmute und Edeltraut, tatsächlich wie die Unschuld in Reinkarnation aussehend, und er verhoffte wie ein Keiler, der einen Blattschuss verkraften konnte. Die noch ganz junge Unschuld, Meta nämlich, rettete die Situation, trat heran und sagte höflich aber kindgerecht-galant:

„Entschuldigen Sie, Herr Generalkommandant, aber wir haben es sehr eilig.“

Krischan trat auch heran und sah dem Offizier intensiv aufs blankgeputzte EK Eins.

„Und wo willst du hin, kleine Maid?“

Meta überhörte die Maid.

„Der Herr Gauleiter, ein hohes Tier das, erwartet uns in Lengerich.“

„Ja“, fügte Krischan hinzu, „wir müssen pünktlich sein:“

Erdmute trat heran und präsentierte Erich Kochs Papiere. Den Mann kannte hier wohl niemand. Der Major lehnte sich beim Lesen so nahe an August, dass dieser die Stellung wechseln musste und seinen Huf auf die linke Stiefelspitze des Majorbeines setzte.
Hölle und Tod, beinahe hätte es hier eine Metzelei gegeben! Wenn Krischan nicht geistesgegenwärtig Augusts Bein gefasst und angehoben hätte.
„Zerquetschte Zehen“, sagte Edeltraut leise, „können, schlecht behandelt, schwarz werden und müssen dann amputiert werden.“
Dieses „Viertens“ brachte nichts als Ärger ein.

Fünftens. Hier konnte August ganz Neues lernen: wie man Holz rückt. Sie fuhren, schon im Niedersächsischen, über einen festen Forst- und Waldweg und sahen einen Waldbauern, der verzweifelt auf sein Pferd schaute, das am Ende zu sein schien: Kollaps wegen Überbeanspruchung. Krischan, der steuerte, ließ anhalten.
„Wo fehlt's, Kollege?“
„Mein Gaul tut's nicht mehr, Junge, dabei sind nur noch ein Dutzend Stämme aus dem Wald zu holen.“
„Das macht unser August schon.“
Der Waldbauer, ein hagerer und verhungert aussehender Mann, betrachtete Augusta und August wohlgefällig und skeptisch.
„Hat er schon einmal Holz gerückt, hast du's schon getan?“
„Er war zu Hause der beste und schnellste Holzrücker des ganzen Dorfes“, antwortete Meta.
Krischan sprach August ins rechte Ohr, spannte ihn aus und führte ihn in Begleitung Metas zu den gefällten und entasteten Kiefernstämmen mittleren Formats. Indessen

bereiteten die Frauen das Mittagessen auf dem Kocher vor: Makkaroni mit Gulasch.

Krischan, der das Kettensystem der Stammbefestigung nicht kannte, führte August rückwärts ins Geschirr und ließ zur Probe anziehen. Nebenan lag das Pferd des Bauern wie tot am Boden.

„Kinkerlitzchen für mich“, dachte August wohl und zog, an der Trense von Krischan geführt, den Stamm ohne Unterbrechung im Ruckzuckverfahren zum Waldrand, wo er später abgefahren werden sollte. Noch elfmal das, da war die Chose in einer Viertelstunde erledigt.

Während Krischan August wieder vor den Planwagen spannte und das Mittagessen duftend brodelte, ging Meta, von ihrem guten Herzen geführt, zum niederliegenden Pferd und begutachtete es interessiert. Es atmete normal, kam aber erst auf die Beine, als Meta ihm eine Lakritzrolle vor die Nüstern hielt und sie ihm dann ins Maul schob. Dann holte sie vom Wagen den gefüllten Habersack, steckte das Maul des Pferdes hinein und band ihn hinter den Ohren fest. Dieses Verfahren hatte sie des öfteren in den durchfahrenen Städten gesehen. Das Pferd futterte jetzt wacker und sah Meta dankbar an.

Dann postierte sie sich vor dem dösig verwundert harrenden Bauern, beäugte ihn wie der Scharfrichter seinen Delinquenten und brach los, wütend, unhöflich, ziemlich unverschämt und frech:

„Sie sollten, mein Herr Forstmann, ihr Pferd besser behandeln, Sie Tierquäler Sie! Kommen Sie jetzt zum Essen!“

Krischan brachte allen drei Pferden Trinkwasser aus dem Straßengraben nebenan und dann saßen fünf relativ zufriedene Menschen einträchtig beim Picknick beisammen. Makkaroni kannte der Bauer gar nicht, machte aber eine

Ausnahme des allbekannten Spruchs „wat de bur nicht kennt datt frett he nich“ und langte kräftig zu. Sie sagten ihm nicht, woher sie kamen, wohin sie fuhren.

Sechstens. Da hatten sie schon Osnabrück hinter sich gelassen. Was Krischan die ganze lange Fahrt befürchtet hatte, bisher aber nicht eingetreten war, geschah jetzt: Ein Reifen platzte.

„Dorthinten scheint ein großer Bauernhof zu sein“, sagte Edeltraut, „ich kann mal hinlaufen und um Hilfe bitten.“

Sie ging mit Meta los, eine Viertelstunde nur, dann standen sie vor Bauer Ferdinand Haidgress und seiner Familie, erzählten und baten um Hilfe. Der Landwirt, tausend Morgen stark und der örtliche braune Ortsbauernführer, war sofort bereit. Er besaß einen der neuen VW-Käfer und neben einem Dutzend Arbeitspferden einen grünen Deutz-Traktor. Beide Gefährte machten sich auf den Weg zur Unfallstelle. Und keine zehn Minuten später wurden Erdmute und Edeltraut auf dem Hof empfangen, während ihre Kinder Augusta und August heranführten und der Traktor zehn Minuten später den Planwagen einbrachte.

Nachdem Augusta und August erst im Stall versorgt und dann auf die Pferdeweide entlassen wurden, ging’s ins Haus. Es war ein zweihundert Jahre im Familienbesitz befindliches Haupthaus mit vorspringendem Fachwerkgiebel und einer riesigen Dielentür, durch die ebenso riesige Erntewagen einfahren konnten. Der neue Reisegast, ein Tippler erster Güte, nämlich Nelly, war seit seinem Eintritt in die Reisegesellschaft auf Schritt und Tritt dabei. Wenn seine Füße ermüdeten, sprang er kurzentschlossen auf den Planwagen und legte sich zwischen all den Utensilien schlafen.

Doch zunächst ging es zu Tisch zum Abendessen. Unseren vier Reisenden, in den letzten Monaten nicht durch Normalität, gar Luxus verwöhnt, gingen die Augen über: weiß gedeckter Tisch, silberne Bestecke, Suppen- und Hauptteller aus edlem Porzellan, Obstteller und Servietten auf dem Tisch. Es gab Hühnersuppe mit Einlage, Salzkartoffeln mit brauner Soße, Karottengemüse und gefüllte Rindsrouladen. Als Dessert Vanillepudding entweder mit Brombeer- oder Johannisbeersaft. So haben unsere vier Reisenden lange nicht mehr geschwelgt!

Das Essen verlief seitens der Gastgeber höflich-schweigsam, obwohl redelustige und äußerst neugierige Personen teilnahmen: das Altbauernpaar, kurz Opa und Oma genannt; das Besitzerpaar, kurz Chef und Chefin genannt; des Besitzers Schwester, kurz Tante Hilda genannt; der künftige Erbe Karl, kurz Jungbauer genannt, dessen Schwester Frieda, kurz Frieda genannt; Lehrling Fritz, kurz Fitten genannt und Lehrling Klaus, kurz Kläusken genannt - also eine respektable Essgesellschaft und dem großen Hof angemessen.

Nach dem Essen zogen sich Erdmute, Edeltraut und das Gastgeberehepaar ins Kaminzimmer zurück, während Krischan und Meta nach den Pferden und anderen Hoftieren schauten. Sich gegenseitig abwechselnd berichteten nun Erdmute und Edeltraut von A wie Anfang der Fahrt bis Z wie Zielort. Als der Name Worpenberg fiel, gab es die erste Überraschung:

„Die aus Lengerich-Aldrup?“, fragte Ferdinand Haidgress sofort aufgeregt, und als Edeltraut bejahte, fuhr er fort: „Die kennen wir, es sind alte Leute, die nicht mehr zurechtkommen.“

Erdmute berichtigte, dass ein Worpenbergehepaar, „unsere frühere Herrschaft“ aus Nimmersatt den Besitz übernommen habe und sie auf dem Weg seien, zu ihnen zu stoßen. „Und Sie sind mit diesem Wagen, Ihren Kindern und den beiden Pferden den ganzen Weg über tausend Kilometer bis hierher gefahren? Alle Achtung, müssen wir sagen!“

Es wurde 11 Uhr abends, als man ans Schlafengehen dachte. Krischan und Meta kamen hinzu und zeigten sich dem Ehepaar von ihren besten Seiten.
„Wie alt seid ihr denn?“
Meta, seit dieser Reise oft den Schalk im Nacken, übernahm die Antwort:
„Zusammen 18.“
Die Bauersfrau lachte und sagte: „Wie haben euch auf mindestens 25 geschätzt.“

Das Nachtlager ließ an bäuerlicher Romantik nichts zu wünschen übrig, heute würde man supermodern zu ihm sagen: Eine gut eingerichtete Heu-Stroh-Scheune mit fast allem damaligen Komfort, zum Waschen und Baden und für die Notdurft. Erdmute und Edeltraut beschlossen schnurstracks, die Worpenbergs zu animieren, eine solche famose und feine Möglichkeit zum Übernachten ebenfalls einzurichten.
„Ist nicht von Tourismus überall die Rede“, sagte Erdmute, „jetzt, wo der Führer doch einen langanhaltenden Frieden gesichert haben soll?“
Vor den üblichen mütterlichen Gutenachtküsschen hüpften Krischan und Meta in ihren weißen Poltern noch einmal nach draußen, um Augusta und August Gutenacht zu sagen – sie ahnten nicht, dass es für Augusta ihre letzten Grüße sein würden!

* * * * *

Ein politisches Intermezzo zwischendurch! Während am nächsten Morgen Krischan Abramowsky, Ferdinand und Karl Haidgress noch vorm Frühstück am Gatter standen und Augusta und August begutachteten, rieben sich in Berlin A.H. und seine Konsorten die Hände. Sie waren unverrückbar des Glaubens, einen politischen Volltreffer gelandet zu haben: den deutsch-russischen Vertrag.
„Ribbentrop ist ein zweiter Bismarck“, frohlockte A.H.
„Das macht uns so schnell keiner nach“, sagte Hermann Göring, zweiter Mann im Staat.

Es gab wohl keinen Anhänger A.Hs., der nicht der Meinung war, „nun würde Mr. Neville Chamberlain“, derzeit erster Minister Großbritanniens, „die Hosen voll haben und Polen seinem Schicksal überlassen“.
„Also übermorgen wird zurückgeschossen!“, befahl A.H.

* * * * *

Von dieser lebensgefährlichen Entwicklung wussten unsere drei Pferdekenner natürlich nichts; sie befanden sich ja damit in guter Gesellschaft in Deutschland. Bauer Haidgress behandelte Krischan wie einen Erwachsenen, wenn er sich erkundigte:
„Die Stute heißt also Augusta?“
„Ja, man hat sie so in Nimmersatt getauft.“
„Und der Hengst heißt August?“
„Ja, er ist ihr Sohn.“
„Wieviel Fohlen hat Augusta gekriegt?“
„Zwei, mit August.“

„Sie scheint eine gute Vererberin zu sein?“
„Ja, schauen Sie sich August an!“
Schweigen, bewundern, staunen.
„Hast du den August angelernt und ausgebildet?“
„War kaum eine Arbeit. Er tut alles, was ich ihm ins Ohr flüstere, ich bin sein Herr und Meister für alle ewigen Zeiten, Herr Bauer.“
„Ist er verkäuflich?“
„Solange ich lebe nicht, dann erbt ihn Meta, danach könnte er verkauft werden.“
Staunen, bewundern, Schweigen.
„Aber Augusta“, bohrte Karl, „die möchten wir gern kaufen, dann wird sie uns noch einige Augusts in die Welt setzen.“
„Wir machen dir und deiner Mutter ein sehr gutes Angebot“, versprach Ferdinand und nahm Krischan an die Hand, um ihn zum Frühstückstisch zu führen, „dort reden wir weiter.“

* * * * *

Dort, beim Frühstücken, teilte der Bauer vorab mit, dass er die Worpenbergs in Lengerich telefonisch informiert habe, dass seine Gäste in der Nähe seien und morgen aufbrechen werden.
„Als Ortsbauernführer haben wir natürlich ein Telefon“, sagte er stolz, „dann wissen wir immer, was in der Welt los ist.“
„Dann sagen Sie uns“, sagte Edeltraut, „ob es der Führer schafft, mit den Polen ins Reine zu kommen.“
„Er bemüht sich, aber es liegt ja an den Polen und Engländern, ob der Frieden erhalten bleibt.“

Dann begann er sein Angebot zu unterbreiten:
„Ich kaufe Ihnen Augusta ab und geben Ihnen dafür 500 Mark, einen vollbereiften leichten Wagen, den August ohne Umstände bis Lengerich ziehen kann, Verpflegung und Futter dazu und sorge kraft meines Amtes dafür, dass Sie alle unbehelligt im Ziel ankommen."
Erdmute und Edeltraut nickten bereits zustimmend, als der Bauer noch eine Bedingung zuschaltete:
„Abschließend möchte ich, dass August die Erlaubnis erhält, zwei oder drei meiner Stuten im Lauf der nächsten Monate zu decken. Wir werden diese Tiere in einem Hänger antransportieren."
„Ich stimme zu", rief Krischan, „ich bin Augusts Chef!"
Meta musste erst mit dem Argument überzeugt werden, „dass es Augusta hier viel besser haben würde als bei den Worpenbergs, wo sie vom Hell- bis Dunkelwerden Knochenarbeit leisten müsse".
Sie wurde damit getröstet, dass ihr Tante Hilda ein Pärchen Kaninchen schenkte, „die sich wie die Ratten vermehren werden".

Liebe Leserschaft, man glaubt es kaum, dass hier auf diesem Bauernhof Menschenfreundlichkeit, eine richtige Philantropie doch, so großgeschrieben wurde.
„Dass sich alle, jung wie alt, weiblich oder männlich, vor lauter Glückseligkeit kaum noch einkriegen konnten!"
Ein wahrhaft erfolgreicher Abschluss einer Reise von Ost nach West – die noch gar nicht beendet war!

* * * * *

Es war noch telefonisch vereinbart worden, dass man sich in Leeden, kurz vor dem letzten Anstieg des Teutoburger Waldes und dann Abstieg nach Lengerich hinab, mit den Worpenbergs treffen wolle. August, der den Abschied von seiner Mutter mit stoischer Ruhe akzeptiert hatte, zog mit körperlicher Eleganz und Leichtigkeit das unschwere, gut rollende Gefährt durch jene Hügellandschaft, die der altrömische Historiker und Schwadroneur Cornelius Tacitus einst mit „Saltus teutoburgiensis“ beschrieben hat. Die Urwälder von damals waren längst gerodet, Knüppelpfade wurden zu Waldwegen, Legionärsstraßen zu Reichsstraßen, bepelzte Berserker zu friedlichen Landleuten.

Meta, mit Jägeraugen bewaffnet, entdeckte nicht nur den Opel-Laubfrosch zuerst, sondern in der Ferne auch jene Windmühle, die ihnen als „Feldzeichen“ des Hofes Worpenberg genannt worden war, und schrie so laut, dass August die Ohren spitzte und mitwieherte. Aus dem Laubfrosch krochen Alwine und Franz-Josef Worpenberg und bildeten eine Straßensperre, die früher sogar römische Legionäre aufgehalten hätte. August hielt von selbst an und schnaubte. Es machte ihm offenbar wenig aus, dass erst diese komischen Zweibeiner durch und durch begrüßt wurden, bis Franz-Josef, - erinneren wir uns, dass er mit Krischan und Meta gleichalt war -, seinen Hals umfasste und sich an ihn hing.
„Ich hab dir was mitgebracht, August.“
Es waren frische Augustäpfel, schon gelblich angehaucht und darum süß wie Birnen der Sorte „Klapps Liebling“.

Liebe Leserschaft, müssen wir diesen ganzen freudigen Empfang auf der Straße hier aufrollen? Nein, wirst du antworten.

* * * * *

Man schrieb, wie es immer so schön heißt, den 31. August 1939. Sollte es über die endgültige Ankunft nicht dunkel werden, musste man aufbrechen. Edeltraut und Meta stiegen jetzt mit in den Opelfrosch und Erdmute und Krischan fuhren den Wagen, der vom schwersten Gepäck befreit war, den Anstieg hinauf, den Abstieg hinab und durchkreuzten Lengerich nach Westen zu, ins freie Münsterland hinein, wo Aldrup sich landwirtschaftlich ausbreitete wie eine Überschwemmung im Winter und den dreien, Erdmute, Krischan und August wie das gelobte Land vorkam.

„Hoffentlich", meinte Erdmute, als sie bei den Worpenbergs ausstiegen und sie ihren hoffnungsvollen Sprössling noch einmal gründlich herzte, „hoffentlich werden wir nicht enttäuscht."

Edeltraut und Meta waren hinzugetreten und man herzte sich miteinander – da war es genau 12 Uhr Mitternacht geworden! König Friedrich II. von Preußen, der auf einem Sockel neben dem Haupteingang stand, hätte gewiss seinen Kopf geschüttelt, lebte er noch und wäre er informiert worden über den historischen Unfug, den seine unpreußischen Nachfolger in Berlin für den nächsten Tag angezettelt hatten. Dieser König soll, heißt es hier, an Ort und Stelle übernachtet haben, als er seine westlichen Provinzen bereiste und nach Holland weiterfuhr…

Das Jahr 1939, dritter Teil

Einmal richtig ausschlafen! Das geschah mit unseren Reisenden und jetzt Angekommenen in der Nacht des 31. August auf den 1. September. Bauern und Landwirte, die Vieh halten, und das waren damals so gut wie alle, kennen nur das Frühaufstehen, denn Vieh wartet nicht, will fressen, gemolken und sonstwie versorgt werden. Wenn schon notorische Frühaufsteher wie Krischan und Meta verschlafen und nicht sogleich an August denken – ja, dann muss allerlei geschehen sein!

Natürlich war August von den Pferdewirten Worpenbergs bestens versorgt worden und belebte jetzt in Gesellschaft seinesgleichen die hofnahe Weide. Die Nächte begannen nun kühl zu werden, aber wer den ganzen Sommer über im Freien war, der spürte die allmähliche Abkühlung zu Spätsommer und Herbst wenig. Als nun alle unsere ehemaligen Memelleute oder Nimmersatter am 1. September 1939, ein Freitag, beim ersten Frühstück in der neuen Heimat saßen, hörten sie plötzlich einen Mann bellen, den sie bereits als bedeutungslos an die Seite geschoben hatten: A.H.!

Er verkündete seiner Nation per Volksempfänger, „dass seit heute früh gegen Polen geschossen werde, zurückgeschossen..." Krischan und Meta, mit dem Auslöffeln ihrer Frühstückseier beschäftigt, mochten nicht ganz begreifen, dass sie alle in den letzten vier Wochen zu Narren gemacht worden seien, von einem Narren wohlgemerkt! Dem sein Narrsein durchaus anzusehen war, wenn man ihn ungetrübt anschaute! Erdmute und Edeltraut jedenfalls bekroch das befreiende Gefühl, zur rechten Zeit einen gefährdeten Ort verlassen zu haben. Ab Sonntag, dem 3. September 1939, befand sich A.Hs. Drittes Reich auch im Krieg mit Frankreich und Großbritannien. Die ersten britischen Luftangriffe auf die deutsche Nordseeküste fanden noch am 3. September statt.

Eine Woche später, in Aldrup war der Normalbetrieb eingekehrt, kam ein Brief von Hinnerk Teepe; erinnern wir uns: Er war der Kapitän der Hela, die unsere Reisenden so sicher von Königsberg nach Swinemünde transportiert hatte. Er teilte etwas mit, das ihn, von der Gestapo entdeckt, den Kapitänskopf hätte kosten können:
„Meine beiden von der Kriegsmarine so begeisterten Söhne sind auf die Scharnhorst versetzt worden... Im Übrigen bleibt es dabei, dass ich im neuen Jahr nach Aldrup komme..." (Die „Scharnhorst" war eines der zwei bei Kriegsbeginn einsatzfähigen deutschen Schlachtschiffe).

* * * * *

Die neue Woche beim neuen Bauern! Krischan und Meta kam erst jetzt gründlich in den Sinn, auf was sie sich eingelassen hatten: Sie mussten ab Montag zur Schule, regelmäßig zur Schule! Ihre Mütter brachten sie zwecks Anmeldung hin und Franz Josef Worpenberg war mit von der Partie. Da mussten sie den lieben August eben August sein lassen und „fürs Leben lernen". Immerhin war Aldrups Volksschule für Mädchen und Jungen eingerichtet, so dass Krischan und Meta nebeneinander in der Bank sitzen konnten. Dem antiquiert aussehenden und lehrenden Lehrer zu lauschen und gleichzeitig an August zu denken, war in der Tat keine leichte Sache für neunjährige Schüler. Viel Gescheites hatten die Lehrer an diesem 4. September nicht zu vermelden, denn A.H. hatte auch ihnen die Sprache verschlagen. Rektor Jan Kortensohn, ein echter Sohn des Teutoburger Waldes, nahm sich Krischan und Meta vor, fühlte ihnen sozusagen auf den Zahn und war sehr angetan von ihrem Status als beinahe Erwachsene. Er fragte auch nach

ihren familiären Verhältnissen und kündigte danach an, „eure Mütter bei passender Gelegenheit einmal aufzusuchen und auch August kennenzulernen".
Liebe Leserschaft, jetzt nach erstem Eingewöhnen, schalten wir auf die Verhältnisse im neuen Wohnort um...

Das neue Zuhause

Dieses westdeutsche Haus Worpenberg hat sich seit dem Einzug der ostdeutschen Worpenbergs entscheidend verändert, getreu dem deutschen Motto, dass neue Besen gut kehren sollen. Die beiden Altvorderen, Großvater und Großmutter geheißen, sind so tütelig geworden, dass mit ihrem Ableben noch vor Kriegsende, - A.H. sprach von „zu Weihnachten" -, gerechnet werden konnte.
„Wer nicht einmal mehr Erbsen puhlen, Kartoffeln schälen und den Hintern abputzen kann, der soll beizeiten abtreten", sagte Großmutter.
„Wenn ich pinkeln muss", fügte Großvater hinzu, „dauert es eine Viertelstunde, bis die Blase leer ist, wenn überhaupt."
Das waren urige aber berechtigte bäuerliche Ansichten, die durch keine ärztliche Diagnose widerlegt werden sollten. Arzt, Hausarzt gar? Die beiden Alten lachten krächzend.
„Der kommt uns hier nicht ins Haus, Quacksalber der! Außerdem sind wir nicht krankenversichert."
Liebe Leserschaft, einen Tierarzt hätten sie gewiss in den Stall gelassen!

Hansgeorg Worpenberg und Alwine Worpenberg, geborene Fahrenhorst, waren zur rechten Zeit an den rechten Ort gekommen: Zwar nicht Rettung in letzter Minute, aber immerhin Rettung. A.H. hat ja die bäuerliche Autarkie begründet und sah es nicht gern, wenn Höfe starben. Alwines ältere Schwester Gertrud, jetzt, weil unlustig zu einer Ehe eingestellt, hieß demnach Tante Trude, nahm den kleinen Franz Josef unter ihre Fittiche und stand damit dem Haushalt vor.

Zwei männliche Arbeitskräfte, niemand mochte sie Knechte nennen, waren fest angestellt und lernten den Lehrling Antonius (Anton) Rupprechter, 18, im ersten Lehrjahr an. Elisabeth Bethge, 19, machte eine Hauswirtschaftslehre durch. Die Jungbäuerinnen Martha und Marianne, 18 und 18, daheim Hoferbinnen und bald auf Männerjagd, absolvierten hier ihr praktisches Jahr. Am Schluss der Personalreihe rangierte Katharina Maneke aus Ladbergen, 25, leicht tickert durch einen frühen Kindheitsunfall, aber willig und exzellent rackernd, wenn man sie richtig, das heißt liebevoll und tolerant, annahm.

Worpenbergs Vieh- und Tierbestand wollen wir hier nicht separat aufzählen, einige dieser Individuen werden wir später und zwischendurch, zwei sogleich näher kennenlernen. Eine tierische Chefrolle nahm „Bello vom Rinnbach“ ein, ausgebildeter und reinrassiger Deutscher Schäferhund der Art, wie ihn auch A.H. liebhatte. Früher war er Kettenhund, ein erbärmliches Dasein für sensible Vierbeiner, aber Hansgeorgs erste Wohltat auf diesem Hof war seine Freilassung gewesen. Bello biss oder überfiel keinen noch so versierten Einbrecher, ohne vorher eine Knurrwarnung abzugeben. Zu ihm gesellte sich jetzt Nelly, der sich zum hervorragenden Tippelbruder und Verbeller mauserte.

Beider Machtstellung drohte nun vom Auftreten August des Starken erschüttert zu werden. Denn dieses Ausnahmepferd lenkte sogleich die Aufmerksamkeit sämtlicher

Haus- und Hofbewohner auf sich. Daran war August, - wir wissen ja, dass er weder eitel noch geltungsbedürftig war -, vollkommen unschuldig; wie etwa eine schöne Frau, der Männer schnurz und piepe waren! August war nichts anderes als „einfach da". Im Lauf der kurzen Zeit, wo die Nimmersatter hier herrschten, war vieles zum Positiven verändert worden. Hansgeorg und Alwine haben auf Heuerleute zugunsten Festangestellter verzichtet und die drei Heuerhäuser soweit modernisiert, wie ihre Finanzen es zuließen. Zwei davon waren solange für Edeltraut du Erdmute reserviert, bis diese vielleicht verzichten würden – taten sie nicht!

Das dritte Haus war für den Tourismus vorgesehen.

„Liebe Worpenbergs", hatten Ortsbauernführer und Bürgermeister gesagt, - beides ausgekochte Braunhemden natürlich -, „liebe Bauersleute, unser Führer hat prophezeit, dass viele Deutsche in Zukunft ihr Urlaubs- und Feriengeld im Inland statt im Ausland ausgeben werden. Und was gibt es Schöneres für unsere braven Volksgenossen als Urlaub auf dem Land!"

Damit war hier der Begriff „Urlaub auf dem Land" etabliert. Nun, A.H. hatte mehr Eroberungen als Urlaub im Sinn, und damit war das Projekt erst einmal aufgeschoben.

Erdmute und Edeltraut hatten Hinnerk Teepe nicht vergessen und schlugen diesen als Mieter oder Besitzer des dritten Hauses vor, so er denn zustimme. Tat er schriftlich! Nun war noch der Status der beiden Frauen und ihrer Kinder zu klären.

„Hier auf dem Land bleiben oder in die Stadt ziehen und neue Berufe suchen?"

„Solange August hier ist", sagte Erdmute, „wird auch Krischan hier bleiben wollen."

„Und wo Krischan ist", fügte Edeltraut hinzu, „wird auch Meta hier bleiben wollen."
Und damit basta! Aber Erdmute und Edeltraut mussten Geld verdienen!
„Jetzt im Krieg", sagten sie, „darf niemand herumlungern und nur auf Kinder aufpassen."
Wie wahre Worte! Von A. H. gewiss gern gehört! Erdmute und Edeltraut trabten, neu eingekleidet vom eigenen, unterwegs eingenommenen Geld, munter gen Lengerich, stellten sich dem Bürgermeister vor und überreichten ihm Erich Kochs Verfügung. Koch stand jetzt am Anfang seiner verbrecherischen Karriere in Polen und später in Russland – das wusste bisher noch kein Mensch, er selber nicht. Lengerichs Bürgermeister stand symbolisch stramm und sagte gönnerisch:
„Sie kommen, meine gnädigen Damen, gerade zur rechten Zeit. Denn einige, gar viele meiner Mitarbeiter sind dem Ruf des Führers gefolgt, (sind eingezogen worden!), und müssen ersetzt werden – herzlich willkommen in der Verwaltung unserer alten Stadt!"
(Lengerich hat 1727 durch Preußenkönig Friedrich Wilhelm I., Vater des Alten Fritz, die Stadtrechte verliehen bekommen.)

Ehe wir uns wieder unserer Hauptperson, August dem Starken, zuwenden, hier noch ein paar Bemerkungen praktischer Art: Der Schulweg Krischans, Metas und Franz Josefs vom Hof bis nach Aldrup hinein betrug zu Fuß eine halbe Stunde, eine Strecke, die damals allen Schulkindern zuzumuten war. Erst ein Jahr später, mitten im Krieg, besorgte Kapitän Teepe drei Fahrräder. Erdmute und Edeltraut, für fünf Tage pro Woche eingestellt, konnten den Linienbus Lengerich-Aldrup und zurück benutzen – der Jahre später nicht mehr fuhr!

Liebe Leserschaft: Hast du inzwischen nicht auch den Verdacht entwickelt, dass unsere Memellandauswanderer mehr Glück als Verstand gehabt haben müssen?

August der Starke zu Hause

Ja, das Qualitäts-, Super-, Mega- und Gigapferd August der Starke, Sohn der Augusta, Memelländer- und Ostpreußenmischling, stärker als Bucephalos und Minotaurus zusammen, dabei kinder- und menschenlieb bis zum Gehtnichtmehr – ja und jawohl und gewiss: Er ist zu Hause angekommen! Zwar scheint ihm einiges hier nicht zu passen, wie Pferdekenner Krischan und Pferdekennerin Meta unschwer in seinen schwarzen, tiefgründigen Augen zu erkennen glauben. Heimweh? Sehnsucht nach Mama Augusta? Aber er hat hier mehr Gesellschaft seinesgleichen, denn Worpenbergs, noch nicht motorisiert, halten insgesamt sechs Pferde, um die dreihundert Morgen Acker- und Weideland und hundert Morgen Forst- und Waldflächen bearbeiten zu können.

August zum ersten Mal mit einem halben Dutzend Kollegen auf der hausnahen Weide! Ein dreijähriger Hengst namens Wotan ist dabei, den die alten Worpenbergs vergessen haben zu kastrieren. August ins souverän genug, seine Rüpeleien und Beleidigungen anfangs zu ignorieren, aber auch die friedfertigste Pferdeseele kocht einmal über. So durften eines Nachmittags die Stuten und ihre Fohlen, wie eine Mustangherde genüsslich grasend, Augusts Demonstration von Souveränität und Herrscherqualitäten ansehen: Er hob sich drei Meter vor Wotan auf die Hinterbeine. Machte also ein richtiges „Männchen“ und fuchtelte

mit seinen Vorderbeinen derartig vor Wotans Gesicht herum, dass dieser nun seine Thronfolgerrolle für Jahre akzeptieren musste.
„Schade“, war Worpenbergs Kommentar, „dass niemand von uns fotografieren kann.“

* * * * *

Mitte Dezember, als wollten sie Weihnachten lieber im Himmel denn auf Erden verbringen, legten sich die alten Worpenbergs zum Sterben nieder und mussten natürlich noch vor dem Fest unter die Erde. Es blieb August wegen seines natürlichen Traueranzugs vorbehalten, sie zum Aldruper Friedhof zu karren. Auf „karren“ hatten die Verstorbenen ausdrücklich verwiesen. Wie damals christliche Sitte und menschlicher Anstand blieben die Toten bis zur Abfuhr in der Guten Stube aufgebahrt, damit alle Aldruper Mitmenschen, die mit ihnen zu tun gehabt haben, vorbei defilieren konnten. Man hatte einen Leiterwagen schwarz drapiert, schob nun die Särge darauf und August der Starke zog unter Krischans Führung an. Der Aldruper Musikverein intonierte „Bis hierher hat uns Gott gebracht“ und richtete den Rhythmus der Musik nach Augusts Marschtritt aus: Das war ein echter „marcia funébre“, wie der zweite Satz der „Eroica“ von Beethoven – Trauermarsch in Vollendung direkt in die Vergänglichkeit hinein! Alle großen und bedeutenden Menschen, heißt es, wissen sich bedeutenden Lagen anzupassen – aber Tiere auch? Bei August dem Starken dürfen positive Hoffnungen aufkommen.

* * * * *

Schon einen Monat später, A.Hs. Polenfeldzug war längst erfolgreich beendet und der erste polnische Zwangsarbeiter war dem Hof zugewiesen worden, bewies August wiederum sein Feingefühl und seinen Takt Menschen gegenüber. Der Zwangsarbeiter hieß Stanislaus Krakowiak, 35, genannt Krako und war Mitte September lieber nach Westen, den Deutschen zu, als nach Osten den Russen entgegen geflohen. Er radebrechte das Deutsch nach Slawenart, aber verständlich.
„Er ist ein guter Kerl", sagte Hansgeorg, „und soll es hier guthaben."
Das war eindeutig nicht parteikonform, denn Kriegsgegner durften nicht milde behandelt werden, aber auch August war der Meinung, dass Krako ein prima Pferdeflüsterer war – wie kann ein Mensch böse sein, der sein Pausenbrot mit einem Pferd teilt?

Sie arbeiteten jetzt im Forst, wo der Wintersturm ein paar Kiefern gefällt oder beschädigt hatte und das Holz mittels Rückepferd abtransportiert werden sollte. Krako hatte August bereits vor einen Stamm gespannt und wollte nur noch einen mittleren Baum fällen. Ob er nun Säge oder Beil falsch angesetzt, den Wind nicht eingeschätzt oder sonstwie leichtsinnig Mumpitz gebaut hatte: Der Stamm krachte knirschend auf ihn und brach ihm das Genick. August wusste inzwischen, es war 3 Uhr nachmittags geworden, dass Waldarbeiter um diese Zeit bevorzugt ihre Pausen einlegen. Er wartete geduldig bis 5 Uhr, als auf dem Hof die Glocken zum Melken der Kühe riefen, und setzte sich mit seinem Baum nach Hause in Bewegung. Dort große Bestürzung! Sollte Krako die Flucht ergriffen haben? Darauf stand beim Gefasstwerden die Todesstrafe. Und für den Arbeitgeber mehr als normale Unannehmlichkeiten.

Also los und nachschauen. Man ließ Krako unterm Baum liegen, bis das Militär kam und Fotos machte. Diese bewiesen Worpenbergs Schuldlosigkeit. Krako wurde entsorgt...

Winterzeit ist keine Ackerzeit. Und auch keine Einsatzzeit für Pferde. Es machte Mühe genug, das halbe Dutzend Pferde, August, der nach wie vor Krischan gehörte, eingeschlossen, so zu beschäftigen, dass sie im Stall nicht unruhig wurden und ihre Hufe gegen die Türen donnerten.

Alle Bauern dieser Zeit, ob groß oder klein, hielten die gebührende Anzahl Kühe, die sie ernähren und melken konnten. Sie mussten in Eigenregie dafür sorgen, die Milch zur Molkerei gehen zu lassen. Der Verkauf ihrer Milch war ihre einzige permanente Geldquelle, es wurde monatlich abgerechnet. Im Fall Worpenberg war folgendes organisiert worden: Jeden Morgen ab 7 Uhr, auch sonntags, fuhr Worpenbergs einspänniger Milchkarren, mit den vollen Kannen beladen, zur Molkerei Aldrup los. Eine Fahrt von 45 Minuten. Unterwegs musste der Fahrer jene Milchkannen aufladen, welche die Bauern, die an der Wegstrecke wohnten, am Weg oder an der Straße, abgestellt hatten.
„Einer für alle – alle für einen."
Auf der Rückfahrt ging's umgekehrt. Dann waren aber nicht alle Milchkannen leer, denn viele Bauern, jene die Schweine hielten, bezogen von der Molkerei das Abfallprodukt Magermilchmolke, mit dem sie das Schweinefutter ein wenig aufmöbelten.

Krischan hätte wegen dieser Fahrten am liebsten die Schule geschwänzt. Ging natürlich nicht! So einigte er sich mit den Worpenbergs, stets sonn- und feiertags und in den Schulferien fahren zu dürfen – eine schöne Zeit für denjenigen Fahrer, der an der Reihe gewesen war. Meta fuhr selbstverständlich mit.

Für solche Tätigkeiten war August wie geschaffen. Er liebte Gewohnheiten und Regelmäßigkeit und hielt Kurs und Tempo so genau ein, dass Krischan kleinere oder nicht ganz volle Kannen während der Fahrt aufladen konnte. Derweil Meta weiterfuhr und Krischan auf den Wagen sprang. Beide waren just vor ein paar Tagen 10 geworden! Kinderarbeit das! Kinderarbeit? Klar, war es ja! Aber Krischan und Meta sahen zusammen wie 28 aus, es war Krieg, Arbeitskräfte wurden Mangelware und den Kindern machte es Spaß. So sah es auch der Aldruper Dorfpolizist, ein Veteran aus dem ersten Krieg und tolerant veranlagt. August machte diese Fahrten nur, wenn Krischan und Meta auf dem Bock saßen, er brauchte keine Leine, hielt an den Ladepunkten an, bugsierte den Wagen selbständig an die Verladerampe der Molkerei und fand natürlich auch den Weg nach Hause. Auf dem Nachhauseweg hielt er regelmäßig an, wenn ihm ein anderer Wagen samt Kutscher entgegenkam. Er wusste aus Erfahrung: Kutscher sind geschwätzige Menschen und unterhalten sich gern über Gott, die Welt und jetzt immer weniger über A. H.

*****

Dieser A.H.! Hatte er doch Weihnachten 1939 als Friedensfest deklariert. Danach: Jetzt noch kurz Frankreich zu Boden werfen und Großbritannien durch eine Invasionsdrohung in die morschen Knie zwingen – welch ein Programm! Aber vorher noch wie beiläufig Dänemark und Norwegen besetzen.

„Wir sind mit Ländern im Krieg“, sagte ein Altbauer beim sonntäglichen Doppelkopfspiel, „die vierzehn/achtzehn neutral waren.“
Während der März- und Aprilbestellungen waren die hiesigen Landwirte ja durchwegs draußen in der freien Luft gewesen. Diese wurde jetzt gelegentlich bleihaltig: Denn trotz Hermann Görings drohender Verlautbarungen wagten sich britische Flugzeuge in den Reichsluftraum und hatten schon einmal Münster, 29 Kilometer entfernt, und Osnabrück, 16 Kilometer entfernt, zu bombardieren versucht. Über Aldrup war ein britischer Aufklärer beschossen worden, der wohl den Kanalübergang der Ems ausspionieren wollte. Seine Maschine war eher unten als er. Und er hatte das Glück, mit dem Fallschirm direkt vor Augusts erstaunten und Krischans kritischen Augen zu landen.
„Hallo, Mister, how are you?”, kramte Krischan sein noch in Nimmersatt gelerntes Englisch zusammen. Meta kam hinzu und begann nach Hausfrauenart, den Fallschirm zusammenzufalten.
Jetzt kramte der Tommy sein mageres Deutsch zusammen: „This is a gutes Kleid of your marrige, my Girl.”
Diese Völkerverständigungsromanze ging abruput zu Ende, als Gendarmerie und Landpolizei auftauchten. Niemand dieser Argusaugenleute bemerkte, dass Meta die Fallschirmseide bereits in Sicherheit gebracht hatte. Krischan berichtete später:
„Pferde gucken doch selten nach oben in den Himmel, weil sie ja, im Gegensatz zu Kaninchen, einen Raubvogel nicht zu fürchten haben. Mein August jedoch sah den Fallschirm eher als ich...“

Doch der abgeschossene Engländer hatte wohl bereits wertvolle Informationen, den Kanalübergang, kurz KÜ genannt, betreffend, seiner heimatlichen Kommandostelle zukommen lassen. Daher kam es dazu, dass sich die Bürger des weiteren Umkreises ums Dorf Gelmer am 13. August fragten:
„Wie kann der Luftmarschall Hermann Göring es zulassen, dass feindliche Bomberpiloten hier in völliger Dunkelheit Volltreffer auf ein relativ kleines Ziel wie den KÜ hinkriegen?"
Hermann Göring hat nie geantwortet. Was war geschehen? Wie war Hansgeorg Worpenberg der nassen Katastrophe entgangen? Er war am Morgen des 12. August mit August vor einem leichten Wagen aufgebrochen, um in Gelmer am Kanal Förster Ruprechter aufzusuchen, der Damwild hielt. Hansgeorg trug sich mit dem Gedanken, dieses Wild in seinem Waldgebiet anzusiedeln, sich vermehren zu lassen und es dann zu verkaufen. Es tut hier nichts zur Sache, wenn wir verraten, dass aus diesem Plan vorläufig nichts wurde: Ganz einfach, weil er das Gattermaterial wegen des Krieges nicht bekam, mit dem er ein erstes kleines Wildgehege einrichten wollte.
„Ich komme erst am nächsten Tag zurück", verkündete er, „weil ich August die Hin- und Rückfahrt an einem Tag nicht zumuten möchte."
So wurde er der erste unmittelbare Kriegszeuge Aldrups.

In der Nacht gab's unerwartet Fliegeralarm. Kaum waren die Sirenen verstummt, als Flakfeuer vom Kanal her aufbrach und Motorengeräusche schwerer Bomber hör- und spürbar wurden.
„Die greifen Münster an."

Ein Feuerzauber wie zum Silvester, aber es wurde scharf geschossen und auch getroffen: Sowohl ein Flugzeug als auch der KÜ, das Ziel der britischen Aktion. Die Kanalbrücke bekam einen Volltreffer und brach, das Wasser des Kanals lief in die Ems und setzte eine hier unbekannte Überschwemmung in Gang.
„Nur der Umstand", berichtete Hansgeorg zu Hause, „dass unser Standort oberhalb des Flusses liegt, bewahrte mich und die Bewohner des Forsthauses vorm Ertrinken."
Zwei neue Hof- oder Waldbewohner brachten Hausgeorg und August mit: einen strammen Damwildjunghirsch und ein hübsches Damwildschmaltier; sie wurden bedingungslos dem Worpenberger Jagdrevier überlassen...

* * * * *

Ganz plötzlich, fast ebenso unerwartet wie der Abgeschossene, tauchte Exkapitän Hinnerk Teepe in Aldrup auf:
„Da bin ich alter Seebär!"
Sie hatten ihn nicht gehen lassen wollen, die Kriegsmarine brauchte jeden Kapitän für den Sieg über Großbritannien. Sein erster Sohn diente noch immer auf der Scharnhorst, der zweite war bereits für die Bismarck aufgeboten, das größte Schlachtschiff der Deutschen, das in Kürze fertiggestellt sein würde. Hinnerk zog wie vorgesehen ins dritte Heuerhaus, das er später noch kaufte.

Inzwischen war ein Schuljahr zu Ende gegangen. Krischan und Meta hatten die vierte Klasse klar geschafft und sollten, auf Anraten Rektor Jan Kortensohns, auf die Mittelschule in Lengerich versetzt werden.
„Später können sie immer noch entscheiden, ob sie eine Lehre machen wollen."

Nun wurde klar, dass sie sich immer etwas weiter, von Monat zu Monat, Jahr zu Jahr von August entfernen würden. Er hatte freilich in Franz Josef Worpenberg guten Ersatz gefunden. Dieser musste zwar auch die Schule durchmachen, würde aber mit 18 in eine Landwirtschaftliche Lehre gehen und, solange August noch leben mochte, mit ihm verbunden bleiben.

Inzwischen tauchten Leute auf, die sich als Erben der beiden verstorbenen Alten ausgaben und Erbansprüche erhoben. Doch Hansgeorg und Alwine hatten bei der Hofübergabe Nägel mit Köpfen gemacht und sich nicht als Erben, sondern als Käufer des Anwesens eintragen lassen. Damit gingen alle anderen leer aus. Krischan und Meta übertrugen ihre Fürsorge Augusts jetzt an den Kapitän, der als Pensionär Zeit genug hatte und August verwöhnen konnte. Aber lange tat er es nicht mehr. Wir greifen in die nahe Zukunft vor und teilen mit, dass der eine Sohn 1941 mit der Bismarck, der andere 1943 mit der Scharnhorst unterging – „Auf einem Seemannsgrab, da blühen keine Rosen..." Teepen Hinnerk, wie er hier hieß, starb an gebrochenem Herzen, hasserfüllt auf. A.H. und wurde Anfang 1944 in Aldrup beigesetzt – RIP! Wünschen wir ihm ganz besonders, weil er Krischan und Meta kurz vorher sein Haus vermacht hatte.

Im vergangenen Jahr war dann dreimal Bauer Ferdinand Haidgress in Aldrup aufgetaucht, um die drei eingeforderten Deckdienste Augusts einzuholen. Wo auch immer August seinen Mann (Hengst) zu stehen hatte, ob tagsüber oder nachts, nach oder vor der Feldarbeit, hungrig oder satt – er beschlug die fremden Stuten mit einer Leidenschaft, aus der nur, nach Aussagen der Züchter, „ein hervorragendes Pferdematerial“ entstehen könne. Immer wieder war’s imposant anzusehen, wie sein mächtiger, wuchtiger und eleganter schwarzer Körper sich hob, er die Vorderläufe spreizte und sein Gewicht auf die Stute wuchtete. Manche Zarte unter ihnen knickte dann schon mal ein, so dass August einen zweiten, von Krischan zur Vorsicht gemahnt, Anlauf beziehungsweise Ansprung vornehmen musste. Ergebnislose Paarungen gab es bei August nicht. In flauen Zeiten besprang er höchstens einmal pro Woche, dann schon fünf- bis siebenmal, denn es schien sich unter Züchtern und Haltern herumgesprochen zu haben, dass Augusts Söhne und Töchter zu den gelungensten Schöpfungen zu rechnen waren – freilich nur unter dem Aspekt von bäuerlicher Nützlichkeit: Arbeit zu leisten und nicht, um schön zu sein. Erdmute und Krischan, Augusts Eigentümer, sicherten sich so ein erkleckliches Nebeneinkommen.

Nebeneinkommen erzielte auch Meta: durch ihre Kaninchen. Aus ursprünglich zweien, vom Bauern Haidgress spendiert, waren nun fünfzig geworden, eine richtige Rasselbande, mit der Meta kaum fertig wurde.

Beiden, Krischan und Meta, drohte nun eine neue Gefahr von unverhoffter Seite: A.Hs. Jungvolk mutierte nun per Gesetz zur H.-Jugend mit obligatorischem Beitritt. Pimpfe und Jungmädel hießen die unteren Ränge ab 10. Krischan und Meta schauten sich an und sagten zum ersten Mal in ihrem jungen Leben ein höchst unanständiges Wort – hätten dies A.H., Himmler, Heydrich oder Göring gehört, zwei Lebensläufe wären jäh abgebrochen worden!

Fähnleinführer Eduard Lankenau, 17, kam auf den Hof geradelt und war vollgeladen mit Vorwürfen, Tadeln und Vorhaltungen, aber als er Krischan und Meta sah, die August dem Starken soeben die Hufe reinigten, dachte er, kei-

ne Pimpfe, also H.-Neulinge vor sich zu haben, sondern einen gestandenen H.-Jungen, den man bald mustern und zur Wehrmacht einziehen würde; neben ihm eine H.-Maid, die bereits mit einem Jung-H. schwanger gehen könnte.
„Hallo, ihr seid Krischan Abramowsky und Meta Auf der Heide?"
„Sind wir", antwortete Krischan, „und du bist der Eduard? Kommst gerade richtig zur Vesperzeit."

Erdmute tischte vorm Haus auf, während August Rübenschnitzel, eines seiner zahlreichen Leib- und Magengerichte, vorgesetzt bekam. Liebe Leserschaft, bedenke, dass Kriegsknappheit oder wenigstens Kriegsrationierung herrschte und Eduard Lankenau als Stadtbewohner nebenher wenig organisieren konnte. Nun sahen seine Schmachtaugen Berge von Butterkuchen und Hügel aus Streuselkuchen, seine angeblähten Nüstern schnüffelten außerdem Bohnenkaffee (Edeltraut hatte Geburtstag!). Da pochte Eduards linke Herzvorkammer den Takt der Unbestechlichkeit, die rechte vor Schmacht und Gier sehr aufgeregt, und er war sicher, seinen erhöhten Blutdruck nur mit gesundem Appetit unter Kontrolle bringen zu können.

So begann ein fröhliches Schmausen mit Kaffee, Sahne und Kuchen, während A.H. im fernen Rastenburg in Ostpreußen sein karges und fettloses Süppchen löffelte und aus permanenter Unverdaulichkeit kaum pupen konnte. August pupte ungeniert, seine Äpfel, zart hellbraun, dampfend und hochbegehrt bei Worpenbegs Spatzenvolk.
„Kannste reiten?", fragte Meta zirzend.
„Kann ja nicht schwerer als Radfahren sein", antwortete Eduard.
Man ließ ihn aufsteigen, ohne Sattel, versteht sich, Meta flüsterte August die Verhaltensregeln ins Ohr und gab ihm

einen Klapps auf den Popo. Damit wusste August, dass er eine Hofrunde zu drehen und sich um etwaige Kommandos des Reiters nicht zu kümmern hatte.
„Er ist ein netter Kerl“, sagte Edeltraut, „hat gar nichts von Nazis und so verlauten lassen. Wir sollten ihm gleich offen und ehrlich sagen, dass ihr (Krischan und Meta) in der Schule Schwierigkeiten habt und in jeder freien Minute lernen müsst.“
So geschah es nach Eduards sicherer Rückkehr.
„So ein Pferd“, sagte Eduard, „möchte ich später einmal haben, wenn der Krieg gewonnen und vorbei ist.“
Dabei beäugte er Meta wie August es tat, wenn er seinen Stuten zugeführt wurde – das nennt man Sehnsucht!

Bild 1: Sprungstudien August des Starken

Bild 2: August der Starke fährt gen Himmel

Bild 3: Porträt August des Starken

Bild 4: August der Starke im Stall

Bild 5: Lebensstudien August des Starken

Bild 6: August der Starke als Sprinter

Bild 7: Seitenansichten August des Starken

Bild 8: August der Starke als „Rückepferd“

Bild 9: August der Starke und Kollege bei der Landarbeit

Bild 10: Kopfstudie August des Starken

Bild 11: Abendstudie August des Starken

Die Zeit eilt

August der Starke war Mitte 1941, als A.H. in Russland einfiel, erst fünf Jahre alt, also im besten Alter eines Arbeitspferdes. Arbeitete er einspännig oder solo, also etwa vor der Egge, dem leichten Schälpflug, dem Unkrautjäter und der Walze, konnte er seinen Ackermarschtritt voll entfalten – da hatte der nachfolgende Mensch seine liebe Not, mitzuhalten. Im Zweiergespann, das hatten hier alle Pferdefachleute mitgekriegt, musste ihm ein gleichstarkes Pferd zugeordnet werden, ein schwächeres wäre nach einer Stunde Pflug- und Furchenarbeit zu Boden gegangen.

Liebe Leserschaft, wenn du bis hierher den Eindruck gewonnen hast, August der Starke entglitte langsam aber sich den Händen Krischan und Metas – dann hast du den richtigen Eindruck gewonnen. Eines passte für Krischan und Meta nicht zusammen: Schule und August! Ja, wenn sie gemeinsam auf August zur Schule reiten könnten – das wäre die Vollendung ihres bisherigen Daseins!

Ihr Dasein auf der Lengericher Mittelschule wurde ein Desaster, und in Nullkommanix befanden sie sich wieder auf der Aldruper Volksschule, Klasse 5. Das kam so. Krischan, älter aussehend als er war, seine Klassenkameraden schätzten ihn auf 12 bis 14, und auch, wir wissen es, friedliebend bis aufs Herz, konnte dennoch nicht in Frieden leben, „wenn es seinen Kameraden nicht gefiel“. Das soll hier heißen: Wenn Adolf Hiller, 11 und bullenhaft, ihn nicht in Ruhe ließ. Schon auf der Aldruper Schule hatte Krischan hämisches Pausengemurmel wie „der kommt aus Polen“, „ein Tatarenabkömmling“ und „Masurenberserker“ hören müssen, aber immer murmelten jene Feiglinge in die hohle Hand oder unhörbar für Krischan; aber Meta hörte mit. Jetzt, in der Mittelschule Lengerichs, waren die Schüler keine Abkömmlinge einfacher Bauern, sondern Söhne und Töchter höher gestellter Personen wie Bürgermeister, Stadtdirektor, Rektor, Banker, Fabrikanten und Hersteller von Zement. Schüler Hiller, dessen Vater sich bis 1945 J. Adolf Hiller, nach 1945 Josef A. Hiller nannte, war ein verwöhntes Bürschchen, das nur noch ein wenig älter zu werden gedachte, bis es allen Nichtnazis und Unbraunen das Heulen und Zähneklappern beibringen könne – er schien bereits jetzt der geborene reinrassige KL-Leiter zu sein.

„Du bist ein Pollacke“, sagte er zu Krischan in der großen Pause. Krischan konnte, wir haben es erfahren, jenes Gesicht aufziehen, das Pokerspieler dringend benötigen. Meta schob sich an Krischans Ohr und flüsterte:

„Eins auf die Gurke, dann kippt er sofort um!“

Noch wollte Krischan keinen Streit, aber Adolf übertrieb nun:

„Was hat diese Pruzzengöre dir zugeflüstert? Sag es mir, sonst.“

„Dass ich dir eins auf die Gurke geben soll, Adolf.“

Sprach’s und schlug zu! Es war eigentlich nicht mehr als ein ganz normaler, alltäglicher Schülerstreit, aber Adolfs Eltern und die Direktion, wie fast alle höheren Lehrer durchtränkte Obernazis, verwies Krischan der Schule und Meta ging natürlich mit. So landeten sie wieder in der Aldruper Volksschule.

* * * * *

August dem Starken war’s recht so. Weil jetzt auch von den bäuerlichen Betrieben Arbeitskräfte in die bereits auf verlorenem Posten stehende Wehrmacht eingezogen und durch gefangene Russen ersetzt wurden, änderte sich das Betriebsklima zusehends zum Schlechteren. Das Ehepaar Worpenberg wusste schon durch Erfahrung, dass schlecht behandelte Gefangene schlecht, gut behandelte dagegen gut arbeiteten. Aber welcher dieser armen Burschen konnte mit Pferden umgehen?

August machte es ihnen leicht, wenn sie ihn aufmerksam und nett behandelten. Dies versuchten Krischan und Meta ihnen beizubringen, durch Zeichensprache teilweise. Aber wie drückt man sich aus, wenn man klarmachen will, dass Arbeitspferde gar nicht zu prügeln seien?

Über dem Dritten Reich, ab Januar 1943 schon am Anfang der Agonie sich befindend, wurde die Luft bleihaltiger. Schon hatten die ersten mittelschweren Luftangriffe auf Münster und Osnabrück stattgefunden, deren Einschläge und Explosionen sich unterirdisch bis nach Lengerich akustisch vervielfachten. Die Stadtbrände waren nachts klar zu erkennen. Schon waren getroffene Bomber in die freie Landschaft gestürzt, Menschen mit ihnen und mussten geborgen werden. August der Starke war hierfür der richtige Kandidat.

Aber beinahe hätte es ihn erwischt, nach Russland „wegen des dort nahenden Endsieges“ verfrachtet zu werden. Erdmute und Edeltraut, die in der Stadt mehr Gerüchte aufschnappten als die Bauern hier, kamen eines Mittags außerdienstlich auf ihren Fahrrädern angebraust und schlugen Alarm:

„Eine Wehrmachtskommission ist unterwegs, um Pferde für Russland zu konfiszieren!“

Alle Hofbewohner wussten, dass man die Pferde nicht verstecken oder sonstwie beiseiteschaffen konnte – mochte die

Armee plündern oder nicht, „dann gibt's eben im nächsten Jahr keine Ernte, basta!"
„Wenn sie uns August fortnehmen", drohte Krischan, „werde ich zum Widerstandskämpfer."
„Und ich zur Kämpferin!", fügte Meta hinzu.
Wohin mit August? Hinaus in den Wald? Ins benachbarte Katzenmoor gar, wo er versinken würde? Nein! Lass dich, liebe Leserschaft, überraschen!

Es waren reinrassige Etappenhengste, die nun aus dem Mercedes stiegen und aussahen, als ob sie einem Schönheitssalon entsprungen wären. Hofwächter Bello und sein kleinerer Kollege Nelly bellten wie verhext, sie mussten, um nicht den Pistolen der Besucher zum Opfer zu fallen, ins Haus verwiesen werden. Ein Charaktermajor (ein abfälliger Militärtitel) ließ sich die Pferdeställe zeigen und die Tiere vorführen. Er war überhaupt kein Pferdekenner und suchte zwei Pferde aus, die der Hof am leichtesten entbehren konnte. Sie wurden zwei Tage später abgeholt.
„Was ist mit den drei Häusern da?", fragte er, streng blickend.
„Gehören zum Hof und dort wohnt unser Personal, auch ein paar Franzosen sind dort untergebracht", antwortete Hansgeorg.
„Das da links sieht unbewohnt aus", sagte ein Adjutant zum Major, der schon gehen wollte.
„Sein Besitzer ist vor kurzem verstorben", erklärte Hansgeorg.
„Dann werde ich es Ihnen", befahl der Major, „mit einer Bombenflüchtlingsfamilie aus Köln belegen lassen. Verstanden?"
Naja, dachte Krischan, der war ja noch ziemlich harmlos. Man hatte gehört, dass anderswo sehr ruppig vorgegangen

worden war. Jetzt lief Meta ins Haus und holte triumphierend den braven August ins Freie, der im Wohnzimmer, - ohne seine Küttel zu hinterlassen -, eingesperrt worden war.

* * * * *

Die Kölner Flüchtlingsfamilie kam eine Woche später – sie war ein Glücksgriff für August und Familie und Hof Worpenberg in den nächsten Jahren: Adalbert und Barbara Schälmann, 45 und 40, mit den Kindern Otto, Wolfgang und Martin, 6, 5 und 4.
„Jedes Jahr eins ab 1938“, erzählte Frau Barbara freimütig, „aber ab 1940 herrscht zwischen mir und meinem Mann Funkstille, weil er von da ab diesen Krieg für verloren gibt.“
Diese fünf deutschen Menschen hatten allesamt im allgemeinen vom Krieg und speziell von A.H. die Nasen voll: „Alles zerbombt in Köln, Essen, Duisburg und Düsseldorf, unser Haus ist hops, viel Tote in Verwandt- und Bekanntschaft und der Verursacher dieser Misere kraucht noch in der Ostpreußischen Heide herum.“

Alwine Worpenberg verbot ihr das lockere Maul, weil solch loses Gerede unweigerlich die Gestapo anlocken würde. Barbara tat pickiert, brach aber eine Sekunde später in Jubelrufe aus, als sie August entdeckte. Dieser wurde von ihrem Mann und Krischan geführt und trug auf seinem Kreuz die drei Kinder!
„Wenn das der Führer sähe“, hauchte Barbara, ihr Ton ließ offen, wie das sinnlich gemeint war.

Jedenfalls: Ein Bann war gebrochen, als Adalbert am Abend zur Nachtfahrt nach Köln aufbrach und seine Familie in „extrem hervorragenden Händen“ wusste:

„Wenn das der Führer sähe“, sagte er und gab Gas.
Otto Schälmann kam sofort in die Aldruper Schule, Wolfgang folgte ihm 1945 und als Martin schulpfichtig wurde, wohnte die Familie schon wieder in den Kölner Ruinen.

* * * * *

Mit den Schälmanns kam Leben in die Worpenbergsche Bude. Sie, diese cleveren Kölner, entpuppten sich in den nächsten Monaten als routinierte Schwarzhändlerfamilie. Und Worpenbergs lernten von ihnen das Tauschen, Feilschen und Schachern: ein Schinken für drei Fahrräder, ein Dutzend Eier für drei Kilo Nägel, eine Gans für sechs Fahrradreifen mit Schläuchen, ein Suppenhuhn für einen Eimer Holzlasur und noch einen Schinken für drei Kindersättel. August der Starke wurde jetzt noch öfter als früher von schwerer Landarbeit suspendiert, weil sich sein Einsatz als freundlicher Kinderunterhalter mehr lohnte. Wenn das A.H. wüsste! Ihm war nun, gegen Mitte 1944, nicht mehr nach Unterhaltung zu Mute, denn:
„Russki ad portas!”
Und während er schon insgeheim mit seinem endgültigen Abschied liebäugelte, machten noch zahlreiche Volksgenossen hier am Teutoburger Wald ihre Sommerfrische und anderswo in schönen Stellen des Reiches Kuren und Wanderungen. Da konnte ihnen freilich ähnliches passieren wie August dem Starken und Krischan Mitte Juli 1944.

Sie beide, der fleißige Krischan und der unermüdliche August, pflügten das Gerstestoppelfeld um, damit als zweite Frucht des Jahres Stoppelrüben gesät und ab Oktober geerntet werden konnten. August, über den wir ja, liebe Leserschaft, oft von seiner Ruhe und Unerschütterlichkeit berichtet haben, blieb plötzlich wie gelähmt stehen und verweigerte jeden Befehl Krischans mit Kopfschütteln, Stehenbleiben und Ohren hin und her kreisen lassen. Natürlich blieb Krischan die Ruhe selbst, nie und nimmer hätte er einen Schlag oder Fußtritt gegen August geführt. Bei all dem seltsamen Verhalten schien dieser intensiv in den Himmel zu lauschen: Flugzeuge wie Ju52, Stukas, He111, Me109? Nein, deren Motorengeräusche waren ihm vertraut geworden in diesem alles umfassenden Krieg!

So machte Krischan eine Pause, wollte August einen Frühapfel präsentieren – abgelehnt! Doch da, eine Minute war vergangen, war auch Krischan versteinert: Vom allmählich aus der Ferne des westlichen Horizonts näher kommenden und lauter werdenden Gebrumm Tausender Motoren eines amerikanischen 400-Bomber-Geschwaders viermotoriger Stahlvögel mit Namen wie Flying Fortress oder Liberator. Krischan, zwar plötzlich furchtsam aber nicht ängstlich geworden, wusste sofort über Augusts tierisches Verhalten Bescheid: Seine feinen Gehörgänge hatten die Motoren schon wahrgenommen, als er, Krischan der Mensch, sie noch gar nicht hatte hören **können**.

Diese Bomber waren zu irgendeiner ost- oder mitteldeutschen Großstadt unterwegs, um sie in Schutt und Asche zu legen. Die Rindviecher auf den benachbarten Weiden hoben die Schwänze, muhten empört oder ängstlich und setzten sich bis zum nächsten Drahtzaun in Galopp. Mit den abflauenden Fluggeräuschen entspannte sich August, kotete und harnte ausgiebig und setzte sich ohne erneuten Befehl in Bewegung. In Zukunft, bei weiteren Tageseinflügen, hielt er zwar immer an, beobachtete den Himmel und beruhigte sich nachher wieder. Noch drohte von den hochfliegenden Geschwadern der Landbevölkerung wenig Gefahr, aber das Jahr 1945 war noch nicht angebrochen…

Es gab noch den bäuerlichen Stammtisch nach dem sonntäglichen Kirchgang, wenn auch das Bier „labbriger“ war als frische Pferdepinkel. Dafür war die Debatte zur allgemeinen Lage mehr gepfeffert. Hier nur ein A.H.-Witz, der in Aldrup und gewiss auch anderswo im Reich die Runde machte.

Frage: *„Was ist der Unterschied zwischen der Sonne und Adolf Hitler?“*

Kopfschütteln der Landleute, die derart hochgestochen nicht zu antworten verstanden, nur Pastor Horstmeier grinste innerlich, antwortete aber aus Selbsterhaltungstrieb nicht. So blieb diese Antwort hier aus:

„Die Sonne geht im Westen unter...“

Schwierige Zeiten

Hansgeorg Worpenberg nahm das Ereignis des Überfluges der Bomber zum Anlass, seinen Nimmersatter Verwandten einen anonymen Brief zu schreiben. Sein Hauptinhalt lautete: „Schmeißt die Klamotten hin und kommt in den Westen!“ – ein lebensgefährlicher Text in jenen Stunden, da im A.H.-Hauptquartier eine Bombe explodierte! Um diesen Brief aufzugeben, war Hansgeorg extra nach Osnabrück gefahren und hatte ihn dort in einen xbeliebigen Briefkasten geworfen.

„Die Russen sitzen euch im Nacken“, hieß es da, „und werden im nächsten Anlauf alles niederwalzen und vernichten!“

In einer Sekunde des Leichtsinns wollte Hansgeorg mit „Alles Gute und viele Grüße auch von August“ unterschreiben, aber Alwine redete ihm „diesen Quatsch“ aus.

Mit den Geschehnissen im nördlichen Ostpreußen, die wir nicht kennen und kommentieren können, - es gab keinen Laut mehr von drüben -, begann der unaufhaltsame Niedergang der Worpenbergs! Am Schluss blieben nur Franz Josef Worpenberg, Erdmute Abramowsky, Edeltraut Auf der Heide, Krischan Abramowsky, Meta Auf der Heide und August der Starke übrig:
„Versunken und vergessen – das ist des H. Fluch!“

Noch war es nicht soweit. Stärker als das Attentat auf A. H. rüttelte hier die Leute auf, dass nun auch ihr Privat- und Zivilleben vom Krieg erfasst wurde. Das Warenangebot wurde knapper, Reisen wurden unerwünscht, Kontrollen schärfer, der Ton der bald gestürzten Großen ruppiger. Zeitungen lebten inzwischen vom Anzeigengeschäft, von – Gefallenenanzeigen: „Für Führer, Gott und Vaterland.“ Der Westen Deutschlands, der zwar voller Grauen den Vormarsch „der Ostvölker“ zur Kenntnis nahm, sich aber wenig gefordert fühlte, spürte nun den Hauch der Gefahr auch von jenseits des Rheins herannahen. Die linksrheinischen frontnahen Gebiete stöhnten bereits über „feindliche Flieger am Tageshimmel“, die Jagd auf Fahrzeuge aller Art und Menschen und Tiere jeder Größe Jagd machten. Nicht lange mehr, und August der Starke wird auch diesen menschlichen Unfug kennenlernen.

Der lukrative Schwarzhandel zwischen Worpenbergs und Schälmanns musste eingeschränkt und auf die Nacht verlegt werden. Auch durfte das Nutzvieh nachts nicht mehr draußen aufgestellt sein, wenn man ihr Kidnapping oder ihre Schlachtung im offenen Gelände nicht hinnehmen wollte. Sonntags, der September und Oktober gaben sich sommerlich angenehm warm, gab es auf dem Hof immer noch eine Augenweide: Wenn August der Starke mit den Kölner Kindern spielte, und sie, jetzt in den neuen Kindersätteln, bereits Trab, Galopp und Sprung übten.

Krischan und Meta waren heuer 14 geworden, sahen wie 16 aus und lockten in der Schule manche Zukunftsblicke hübscher Mädchen und Jungens heraus. Schon tauchten Zukunftsgedanken auf: Was tun nach dem Volksschulabschluss? Krischan gedachte eine Schmiedlehre zu machen, da lernte er Handfestes und blieb mit Pferden in Verbindung. Meta sollte eine Hauswirtschaftlehre machen und diese, praktischerweise, hier im Betrieb absolvieren.

Und Franz Josef, der in Lengerich zur Mittelschule ging?

„Ich möchte das Abitur machen, wenn dieser verdammte Krieg zu Ende und der Führer im Jenseits seine Reden hält."

„Du wirst diesen Hof übernehmen, mein Junge", sagte Vater Hans Georg väterlich, „daran ist nicht zu rütteln."

„Werde ich nicht, Vater! Warum habt ihr denn nicht für mehr Nachwuchs gesorgt!"

Das war ein harter Schlag vor allem für seine Mutter, denn damals war es üblich, das Ausbleiben des Nachwuchses den Frauen anzulasten.

„So darfst du nicht mit uns reden", ermahnte Hans Georg.

Franz Josef sah das ein und entschuldigte sich.

„Und wer soll hier einmal weitermachen?", fragte Alwine bekümmert, „wenn wir nicht mehr können?"

„Das ist doch kein Problem", antwortete Franz Josef beherzt, denn ihm war eine Idee zugeschossen wie eine Rakete des Wernher von Braun nach London, (sehr aktuell, nicht wahr?), und sie musste er nun ins Feld führen:

„Vermacht doch den ganzen Hof mit allem Drum und Dran Krischan und Meta!"

Überraschung, Verstummen, Schweigen.
„Bessere Nachfolger könnt ihr gar nicht finden“, schob Franz Josef nach. Er war sicher, dass alles sich einrenken und bewerkstelligen ließ. Traurige Eltern mochte er gar nicht und so nahm er Mutter in die Arme und klopfte Vater auf die Schultern.
„Macht nicht so ein Trauergesicht“, sagte er abschließend, „als wenn der Führer am 20. Juli hopsgegangen wäre.“
„Du solltest“, mahnte der Vater noch einmal, „nicht so lose Sprüche und Worte von dir geben. Wenn einer mithört, zum Beispiel in deiner Schulklasse, könntest du hopsgehen.“
„Prima, Vater, dann wäre die Nachfolge ja leichter zu regeln.“
Liebe Leserschaft, ahnst du schon, worauf solch ein Dialog in solch einer rabiaten Zeit hinauslaufen kann oder wird?

* * * * *

Erst einmal konnte sich August der Starke im Kriegseinsatz bewähren. Erinnern wir uns: Dem Kriegsdienst an den Fronten war er entkommen, weil seine Freunde ihn in einem Wohnzimmer versteckt hatten, aber jetzt kroch das Ungeheuer Krieg Meter für Meter vom Westen heran, hatte den Rhein überschritten, - die alte Stadt Aachen war schon im Oktober 1944 von den Amerikanern erobert worden! -, und nun versuchten die Briten in die Norddeutsche Tiefebene einzurücken. A.H. war aus Ostpreußen geflohen und hatte sein Hauptquartier nach Maulwurfart in Berlin bezogen. Der Luftraum, sozusagen die fünfte Front nach Ost-, West-, Süd- und Nordfront, gehörte den alliierten Fliegern und Flugzeugen, die sich dort oben nach Kriegerherzenslust tummelten. Einige von ihnen hatten Pech...

August der Starke, diesmal Lehrling Karlheinz hinter sich, pflügte bereits das in Aussicht genommene Kartoffelfeld und zuckte plötzlich, wie Karlheinz auch, wie vom Blitz getroffen zusammen. Ein Blitz war's ja auch! Der einer Explosion eines amerikanischen Viermotorigen. Glühende Trümmer hingen in der Luft und senkten sich schaukelnd, schwebend und qualmend der Erde zu. Karlheinz war mutig wie sein Bruder, der an der Ostfront einen T34 nach dem anderen abgeschossen haben soll, spannte August sofort aus und bestieg ihn, um im nahen Buchenwald Deckung zu finden. August schien verstanden zu haben.

Wenig später landete eine Tragfläche mit noch laufenden zwei Motoren genau auf Oslagen-Fittens Hof, keine dreihundert Meter entfernt. Während das Feuer sich auszubreiten begann, donnerte Karlheinz auf Augusts Rücken in Wildwestmanier heran. Die beiden waren die ersten Helfer. Nun stellte sich August derart verständnisvoll, geradezu menschlich an, dass er Karlheinz Befehle und Wünsche erfüllte, ehe sie ausgesprochen waren. Wie erstens: Sich rückwärts an die Kuhstalltür stellen und sofort anzuziehen, als Karlheinz die Zugkette befestigt hatte – krach und rums, sie flog aus den Angeln und die Kühe, glücklicherweise im Laufstall aufgestellt, konnten blökend und brüllend die Freiheit gewinnen.

Und zweitens: Auch der Schweinestall, in der benachbarten Scheune untergebracht, war abgeschlossen, aber keine Zugkette war anzubringen. Karlheinz drückte August einen Meter vor die Tür und trat selbst ins Holz. August wieherte verständnisvoll und knallte seine frisch beschlagenen zwei Hinterhufe gegen die Tür... Liebe Leserschaft, kommt dir diese großartige, fulminante Schweinerettungstat nicht beinahe zirkusreif vor?

Schließlich drittens: Die Flammen griffen allmählich auf die Remise über, wo zwar keine Menschen- oder Tierleben zu retten waren, aber wertvolle Landmaschinen, Wagen, Kutschen und Ersatzteile. Fitten Oslage selbst war bei entfernter Ackerarbeit und seine eigenen zwei Pferde waren also nicht vorhanden. Die große grüne verschiebbare Holztür konnte nicht einfach eingerissen werden, weil sie dabei unweigerlich August und Karlheinz erschlagen hätte. Was tun? Die Flammen leckten! August musste dreimal auf die Tür einschlagen, ehe die Bretter splitterten und Karlheinz in die Remise kriechen und mit drei mittelschweren Ketten à fünf Meter Länge wieder herauskriechen konnte. Eine Kette dazu, das ergab eine Länge von zwanzig Metern, die Kette mit Türangel und August verbinden, diesen nach links zur Seite gehen und mächtig, - die Hufe schlugen zuckende Funken auf den Katzenköpfen des Hofpflasters -, ausgreifen lassen: Polternd fiel die grüne Remisentür auf den Boden. Da konnten sich die Helfer, die sich inzwischen zahlreich eingefunden hatten, über die Rettung des Inhalts hermachen. Und August wurde mit einem Eimer Trinkwasser und einem Fressbeutel Häcksel mit Hafer belohnt.

* * * * *

Nur noch ein Kriegsabenteuer musste August der Starke erleben. Als er die ersten regulären feindlichen Soldaten sah, wurde schon nicht mehr geschossen: Sie rückten friedlich bei Worpenbergs ein. Es kamen die letzten Zeiten des Krieges, in der westalliierte Tiefflieger Jagd auf Züge und

Kraftfahrzeuge machten, die im Verdacht standen, die deutschen Fronten zu beliefern oder zu unterstützen. Ganz zweifellos missachteten einige Piloten die internationalen Kriegsregeln: Sie schämten sich nicht, ihre Jagd auf harmlose Pferdegespanne, landwirtschaftliche Fuhrwerke und Ackerbau betreibende Personen auszudehnen. Auch das Vieh auf den Weiden wurde angegriffen, wie viele achtbare Augenzeugen berichteten.
„Wie sollen wir Saat und Pflanzungen vorbereiten“, klagten Landwirte, „wenn wir dabei in Lebensgefahr geraten?“
Trotz allgemeiner Personalknappheit einigte man sich darauf, dass beim Pflügen und Eggen, Arbeiten, die von den meisten Führern der Gespanne hohe Aufmerksamkeit erforderten, eine zweite Person Wache zu schieben hatte. Auch stellte man an den Ackerrainen hölzerne Schutzhütten mit Blechdächern auf, die freilich wenig Schutz vor Beschuss vor starken Kalibern boten.

So gerieten August und Krischan an einem Märzsonntag 1945 vormittags in Bedrängnis. Hansgeorg und Krischan dachten, dass auch die Feinde Deutschlands den siebten Tag der Woche in dieser Beziehung achteten. Meta, ein einfaches Fernglas in der Hand und die Ohren aufs feinste Flugzeugbrummen getrimmt, vernahm dennoch den gegen den Wind einschwenkenden Tiefflieger nicht und wurde um Metersbreite von einer Geschossgarbe eingedeckt, die über den Acker wie ein sich verlängerndes Band auf sie zukam und einen Meter an ihr vorbei strich. Krischan hatte August bereits ausgespannt und mit einem kräftigen Klapps auf den Hintern zur Flucht verholfen, nun preschte er wie ein Wildschwein zu Meta hinüber und gemeinsam rannten sie im einem Lauf, - vermutlich hundert Meter in zehn Sekunden -, der Schutzhütte zu.

Wir müssen abschweifend erwähnen, dass noch vor Jahresbeginn 1945 im angrenzenden Worpenbergschen Forst eine Flakeinheit mit vier 8,8-Kanonen und zwei Vierlingsgeschützen in Stellung gestanden hatte. Sie waren zur Ostfront, die schon in Polen verlief, abgezogen worden.

Jetzt drehte das Flugzeug über eben diesem Forst und suchte „Mann und Ross". Krischan presste Meta dicht an der Hüttenwand liegend an sich. „Sie an sich pressen". Dazu nutzte er seit einigen Wochen jede sich passende Gelegenheit. Liebe Leserschaft bedenke, dass diese beiden jungen Menschen nun fast je 15 Jahre auf die Beine stellten und wie 17 aussahen! Nun flog der mordlustige Pilot donnernd über die Hütte nach Westen und musste trotz der Wendigkeit seiner Maschine einen weiteren großen Bogen fliegen – Krischan und Meta waren wendiger, erhoben sich und fetzten auf die Gegenseite der Hütte.

„Das Spiel können wir noch lange treiben", frohlockte Krischan.

„Hoffentlich erwischt er August nicht", sagte Meta.

Wie auch immer: Der Pilot hatte entweder Brennstoffprobleme oder bekam die Erkenntnis, dass ein Erlegen zweier Bauernkinder und eines Pferdes den Kriegsverlauf nicht ändern würde – er drehte ab. Eine Minute Luftreinheit, und August verließ trabend sein Waldversteck und kam herbei, um seinen Lakritz und die fälligen Belohnungs-Streicheleinheiten einzusammeln. Dann ging er zum Pflug, ließ sich einspannen und erfreute sich der Gesellschaft Krischans und Metas.

* * * * *

Am nächsten Montag kam Franz Josef nicht pünktlich von der Schule heim. 15 Uhr! 16 Uhr! Dann 17 Uhr: Mittelschullehrer Peter Pastorius, 64 und kurz vor der Pensionierung stehend, radelte auf den Hof. Sein Gesicht war zerfurcht und noch feucht von Tränen des kühlen Wetters und des Erlebnisses während der Schulstunde „Geschichte".
„Ihr Junge kommt heute nicht mehr. Morgen auch nicht. Vielleicht gar nicht mehr."
Verkündungen voll Schreckens und Entsetzens!
„Die Gestapo hat ihn abgeholt."
Noch mehr Entsetzen und Schrecken!
„Sind Sie noch nicht benachrichtigt worden?"

Nach einer Stunde wussten Hansgeorg und Alwine Bescheid. Wie von Hansgeorg befürchtet hatte Franz Josef in den paar Minuten den Mund zu voll genommen, in denen sich der perfide Mickersammy Theopold Kracht, 15, Muttersöhnchen zudem, der Pausendebattierrunde auf dem Schulhof zugesellte. Da sagte Franz Josef gerade:
„Wenn der Führer jetzt nicht den Krieg beendet, gewinnen kann er ihn gar nicht mehr, müsste man noch einmal ein Attentat auf ihn versuchen. Die ersten Flüchtlinge kommen bereits, wir haben Verwandte in Ostpreußen, sie werden alle umkommen."
Obwohl diese Ansicht inzwischen durchaus Volkes Ansicht war, hat sie der Gestapoleitstelle, von Theopold flugs informiert, ganz und gar nicht gefallen. Auch wenn ihre Beamten hauptsächlich Bürohengste waren, so begrüßten sie doch jeden Außeneinsatz. Noch vor Schulschluss wurde Franz Josef abgeholt und ins Büro der Gestapo gebracht. Die Beamten waren so tölpelhaft, den Namen des Verräters zu nennen und was er berichtet habe.
„Sagtest du diese Sätze oder nicht?"

Das war durchaus eine Eselsbrücke, Franz Josef erkannte sie nicht oder wollte sie nicht betreten.
„So ungefähr, ja, das stimmt."
Er wusste gar nichts von der Gefahr, die ihm drohte, noch wusste die normale deutsche Bevölkerung, dass A.H. auch Jugendliche hinrichten ließ – konsequent seinem Motto „Wer nicht für mich ist, ist gegen mich."
Franz Josef kam in eine Zelle: „Untersuchungshaft".

Nun also war sein Lehrer gekommen und hatte berichtet. Er war noch nicht wieder gegangen, als zwei wichtige Ereignisse eintraten: Ein Ostflüchtlingstreck erreichte den Hof Worpenberg und Gestapoleiter Klaudius Meyer, im Büro Meyer zwo genannt, erreichte ihn auch – per Fahrrad, denn auch für Dienstwagen gab es kein Benzin mehr! Er stieg aus und wollte natürlich „den Chef" sprechen, aber der Anblick der Flüchtlinge verschlug ihm urplötzlich die Sprache.
„Wo kommen Sie her?", fragte er, „und wer hat Sie flüchten lassen?"
Die männlichen Flüchtlinge im Alter zwischen 65 und 80, die zu Hause noch im Volkssturm hätten dienen sollen, sahen ihn an, als hätte er Lepra, und einer antwortete:
„Gauleiter Erich Koch, das Stinktier."
Meyer zwo hatte keine Lust, sich zu seinem unangenehmen Auftrag noch einen weiteren brisanten aufzuladen. Er ging jetzt zielstrebig und festen Schritts auf Hans Georg zu und fragte forsch:
„Sind Sie der Vater von Franz Josef Worpenberg?"
„Ja, der bin ich. Warum fragen Sie?"
„Wir haben Ihren Sohn verhaften lassen und müssen nun Sie befragen."

„Fragen Sie, er ist unschuldig und hat niemandem etwas getan.“

Er fand es für klüger, nicht durchblicken zu lassen, dass er bereits informiert war. Das fand auch Krischan, der sich zugesellt hatte. Nun folgte eine Art von Verhör, ziemlich tumbe angestellt. Es ging Meyer zwo darum festzustellen, ob noch ein paar Personen mehr festzunehmen seien oder nicht.

„Wer bist du?“, fragte er Krischan.

„Sein bester Freund Krischan Abramowsky“, antwortete Krischan, „der alles über Franz Josef weiß.“

Er machte drei Ticks an seine Stirn und schüttelte seinen Kopf.

„Was soll das heißen?“

„Er war schon immer nicht ganz richtig in seiner Birne“, antwortete Krischan und konnte ein geheimes Augenzwinkern an Meta loswerden und auch eines an seinen Chef, „und redete manchmal konfuses Zeug über den Krieg und so weiter.“

„Zum Beispiel?“

„Er hat sich zum Beispiel dorthinten im Moor ein Versteck eingerichtet, aus dem heraus er die anrückenden Tommys und Amis beschießen wollte.“

„Kennst du das Versteck?“

„Klar, Herr Regierungsrat.“

„Führst du mich hin?“

„Mach ich. Wir nehmen den leichten Wagen mit unserem August dort, dann brauchen wir nicht zu laufen?“

Meyer zwo war einverstanden, Krischan lud dessen Fahrrad mit auf den Wagen und August ging los.

„So ein starkes Pferd muss bewegt werden“, erklärte Krischan, „sonst wird es übermütig.“

Sie ließen einen verdutzten Hans Georg und eine verschmitzt lächelnde Meta zurück.

* * * * *

Liebe Leserschaft, wird dir nicht auch ein wenig mulmig bei dieser Entwicklung? Wir verraten jetzt schon, dass es Meyer zwos Pech war, allein hergekommen zu sein. Das war gegen jede Polizeiregel und nur darauf zurückzuführen, dass A. H. auch von seiner geliebten Geheimpolizei einige Individuen hatte in die Wehrmacht einziehen lassen.

Der Grasweg zwischen den beiden Äckern ging allmählich in einen Sand-, dann in einen Moorweg über. August fürchtete sich nicht, in Krischans Leitung wäre er auch mitten ins Moor hineingefahren. Krischan schaute sich heimlich um und nickte zufrieden. Hier, wo schon jetzt die ersten Stechmücken auf Beute warteten, trieb sich kein Mensch herum.

„Hier muss es sein“, sagte er, „wir können aussteigen.“

Er stapfte ins Moor voran, wo große gelbe Grasbülte lagen, auf denen sich im Frühling und Sommer die Kreuzottern sonnten. Er trat zur Seite, um Meyer zwo aufschließen zu lassen, aber dieser war so tollpatschig, dass er zur Seite und fehltrat, sich fangen wollte und noch einen Meter vom festen Weg abkam. In einer Zeit von mirnichtsdirnichts, vielleicht in fünf Sekunden, schätzte Krischan, steckte er bis zum Gürtel im Moor.

„Da kommen Sie so nicht raus“, rief Krischan, „strampeln Sie nicht, ich kann Sie nicht rausziehen, das kann nur mein August, warten Sie ein paar Minuten!“

Liebe Leserschaft, Meyer zwos Kollegen und Anverwandte warten heute noch auf ihn! In tausend Jahren, überlegte

Krischan hin und her, stoßen vielleicht einmal ein paar Archäologen hier auf eine gut konservierte Moorleiche und graben sie aus. Er versteckte das Fahrrad so im Moor, dass er es nach dem Krieg „rein zufällig“ wiederfinden konnte, drehte den Wagen und fuhr gemütlich auf den Hof zurück.
„Ich hab den Mann gleich dort gelassen“, erklärte er ohne weiteren Kommentar – Meta schwieg.

* * * * *

Indessen kümmerten sich einige Personen des Hofes um die Flüchtlinge.
„Wir haben einen Wagen in Lengerich stehen gelassen“, sagte der Treckführer, „haben Sie ein Pferd, das ihn holen kann?“
Dafür waren Krischan und August zuständig, sie fuhren sofort los. Hans Georg befragte diese Ostflüchtlinge. Sie kamen von Westpreußen her und berichteten, dass es dort drunter und drüber ginge, eine Völkerwanderung sei im Gange, gegen die bekannte der Teutonen, Goten und Wandalen ein Sonntagsspaziergang gewesen sei.
„Wo die Russen zuerst eingebrochen sind“, sagte der Treckführer, „im Memelland und Ost- und Nordostpreußen, war der Teufel losgelassen. Von dort kommen wahrscheinlich keine Deutschen herüber, weil sie alle abgemurkst wurden. Ihre Höfe, stellen Sie sich das vor, Herr Worpenberg, wurden kurzerhand angesteckt oder von Panzern niedergewalzt.“

Den Flüchtlingen, die morgen weiter ins Niedersächsische ziehen wollten, wurde ein Lagerplatz auf der nahen Viehweide angewiesen, wo sie sich eine echte Wagenburg früherer Zeiten einrichteten. Sie erhielten einen Sack Kartoffeln, Gemüse und ein mittleres Ferkel zum Schlachten.

Kaum waren sie bedient, als ein neuer Flüchtlingstreck eintraf, diesmal von Westen her und per Automobil.
„Das sind flüchtende Nazigrößen", sagte Hans Georg, „also Vorsicht, sie können noch immer etwas anrichten."
„Woher kommen Sie?", fragte er, „und wohin wollen Sie?"
„Wir kommen aus Münster und wollen bis hinter den Teuto ausweichen. Dort stehen starke Kräfte bereit, die Briten und Amerikaner hinter den Westwall zu treiben – das gibt ein Gemetzel, Mann, sage ich Ihnen, so etwas hat die Welt noch nicht gesehen!"
Hansgeorg, Alwine und Meta verschlug es jede Antwort.
„Der Teuto ist kein Gebirge", warf Hans Georg schließlich ein, „und Gebirge waren in diesem Krieg noch nirgendwo ein Hindernis für moderne Truppen."
Alwine entschärfte die Lage:
„Sie können hier eine Stunde bleiben, Wasser fassen und auch ein paar Butterstullen bekommen, aber dann müssen Sie sofort weiterziehen. Sie sind keine echten Flüchtlinge wie diese Menschen da aus dem Osten."

Jetzt kehrte Krischan mit August und dem liegengebliebenen Flüchtlingswagen zurück. Meta betrachtete die vielen Kleinkinder des Trecks und öffnete ihr gutes Herz. Kinder kratzt es bekanntlich wenig, was Erwachsene so tun und treiben, sie wollen spielen und unterhalten werden. Kann es einen besseren Spielkameraden für Zwei-, Drei-, Vier- und Sechsjährige geben als August den Starken? Dieser ließ sich geduldig vierfach beladen und schnaufte noch begeistert über das Quieken und Lachen der Kleinen.

* * * * *

Am nächsten Tag war dieser ganze Spuk des Weltuntergangs, so kam er den Worpenbergs vor, erst einmal beendet.

„Münster soll bereits gefallen sein!"

Was interessiert eine solche Meldung einen Landwirt, der seine Äcker bestellen **muss**? Krischan und August waren fleißig dabei. Und August, der statt „der Starke" auch „der Kluge" heißen könnte, bewies wieder einmal seine Einmaligkeit. Mitten im Umbruch der Ackerfurche blieb er abrupt stehen und schnaufte den an seinen Kopf tretenden Krischan an. Streicheleinheiten! Insohrflüstern! Ein Locklakritz in Krischans flacher Hand! Nichts wirkte, Augusts Nacken- und Mähnenhaare sträubten sich, er suchte, berichtete Krischan später, „sichtbar nach Worten". Oben in der Luft tat sich nichts, auch unten auf der Erde kein Lastwagen- und Panzerfahren. Also richtete Krischan seine Augen, bewährt und scharfzeichnend wie die eines Adlers, auf die Erde unmittelbar vor sich. Und siehe da! Einen Meter vor Augusts Hufen und direkt in der Furche, die noch von vorgestern stammte, war manipuliert worden. Krischans Eichenknüppel, ohne den er nie das Haus verließ, stieß zu und ließ eine Schlagfalle zuklappen.

Es war ein so genannter Schwanenhals, ein fürs Wild höchst gemeines Gerät, das nicht immer tötet, aber tödliche Verletzungen verursacht. Krischan war ganz benommen darüber, dass es hier Wilderer gab, die so etwas riskierten. Und sein erster Gedanke war, hier in der nächsten Nacht auf Lauer zu liegen und dem Wilderer, mochte er sein was immer, gehörig das Fell zu klopfen. Doch dann wog er ab: Einerseits, die Zeiten jetzt kurz vor Kriegsende waren allgemein gefährlich, manche Wilderer zögerten nicht zu töten, um nicht entlarvt zu werden; andererseits hatte er hier nichts zu entscheiden und alles dem Jagdherrn, Hans Georg nämlich, zu überlassen. Er nahm die Falle als Beweismittel mit.

Warum, liebe Leserschaft, hat der Wilderer die Falle mitten in die Furche gestellt? Dem guten August, nur einen Schritt weiter, hätte sie nicht mehr als eine fatale, schmerzhafte Fußverletzung zufügen können. Hasen, auf die es der Wilderer abgesehen hat, laufen gern Furchen entlang, weil sie ihnen gute Halbdeckung bieten. Als August und Krischan den Hof erreichten, war soeben ein zweiter Gestapomann eingetroffen, der nach dem ersten fragte. Krischan berichtete wahrheitsgemäß, ihn am vermutlichen Versteck Franz Josefs im Moor alleingelassen zu haben und dass er danach auf geradem Weg mit Pferd und Wagen nach Hause gefahren sei. Der Beamte, vielleicht in einem Anfangsverdacht, sistierte weiter und murmelte etwas wie „wenn ein Pferd sprechen könnte", womit er gar nicht falsch lag. Er zog ab, nicht ohne eine Nachricht über den Verhafteten zu hinterlassen:

„Franz Josef Worpenberg bleibt in Haft, wird entweder hier vor Gericht gestellt oder in ein KL überwiesen, um auf den Prozess zu warten."

„Wie lange kann das dauern, Herr Beamter?", fragte Alwine und drückte dem Mann ein kleines Fresspaket in die Hand, „und kann man ihm schreiben und Sachen bringen und kann er vielleicht auch uns schreiben?"

„Man wird sehen,", lautete die Antwort, „am besten ist es, gnädige Frau, Sie geben mir jetzt einen Koffer voller Garderobe und Waschzeug mit, vielleicht auch ein Buch zum

Lesen und Sachen zum Schreiben und ein paar Lebensmittel für die nächsten Tage."
Der Beamte zwinkerte mit seinen Beamtenaugen, - er wird nach dem Krieg ein ganz normales Beamtendasein weiterführen -, und tröstete die Eltern noch mit netten Worten: „Vermutlich wird Ihr Sohn bis zum Endsieg aufbewahrt und dann durch Gnadenerlass des Führers entlassen."
Welche Aussichten für einen 14-jährigen! Immerhin bearbeiteten die Lengericher Beamten diesen Fall ab sofort gemütlich und bürokratisch – denn Alwine hatte in den Koffer noch eine kleine „Liebesgabe für unsere tapferen Beamten" gelegt.

* * * * *

Allmählich schrumpfte A.Hs. Tausendjähriges Reich auf jene Größe zusammen, die es um die Zeitenwende herum gehabt haben kann. Um des Führers Geburtstag am 20. April krähte tatsächlich kaum ein Hahn hier, nachdem ein anonymer BBC-Hörer verbreitete, dass Kattenvenne gefallen sei und die Engländer ganz gemütlich über Lengerich-Ringel auf Tecklenburg zumarschierten. Letzte Rudimente deutscher unschlagbarer Armeen trotteten durchs Gelände und baten hier und da um Essen, Trinken und Zivilkleidung und vorübergehende Unterkunft, „bis die Tommys durch und in Berlin sind."

Bäuerliche Arbeit, Grundlage allen Essens und Trinkens bei allen Völkern der Erde, kann wegen solcher geschichtlichen Bagatellen wie Eroberung, Rückeroberung, Endsieg, Schlachten und Ruhm und Ehre nicht stillliegen! Die Schulen lagen schon still, Krischan, Meta und August erfreuten sich bei strahlendem Sonnenwetter und ohne Tiefflieger, die vermutlich schon nach Fernost abgezogen wurden, der Ackerbestellung, als wäre es ihr eigener Grund und Boden. Liebe Leserschaft, wir verraten hiermit, dass ihre Gedanken weder utopisch noch verworren waren!

Noch vor der Ankunft der Engländer in Aldrup kam Post von Franz Josef. Irgendein freundlicher KL-Mann hat es ihm ermöglicht, einen Brief zu schreiben, und auch im arg zerstückelten Deutschen Reich funktionierte die Post noch.

„Ich bin in Dachau angekommen“, schrieb er, „und habe es besser als frühere Häftlinge. Ich habe Georg Elser kennengelernt, ein begnadeter Tischlergeselle, der von sich hier behauptet, der Attentäter vom 8. November 1939 in München zu sein, dem A.H. nur justemalen entkommen ist. Wir hören hier schon den Kanonendonner der Amerikaner, die uns befreien werden, hören aber auch per Lagergerücht, dass A. H. Befehl gegeben habe, noch ein paar der Insassen zu töten. Hoffentlich kommt dieser Brief an und wird euch beruhigen. Viele Grüße an alle, besonders an Krischan, Meta und August...“

Über diese Grüße machte sich Krischan soeben seine Gedanken, - bei jeglicher Landarbeit dachte er gern nach -, als August wieder einmal zur vierbeinigen Salzsäule erstarrte und auf keine Zurufe, auch die Metas nicht, mehr reagierte. Er äugte und horchte angestrengt nach links hinüber, wo die Straße am Moor vorbei aus dem Forst kam und aufs Anwesen führte. Ketten rasselten, Auspüffe pufften und Kommandos schepperten – deutsche Kommandos! Dann war die Armee zu sehen, A.Hs. letzte vorm Teutoburger Wald: Ein Panzer, dessen Motor stotterte, ein Panzerspähwagen ohne MG, zwei VWs, eine Gulaschkanone hinter einem Pferd, das August mitleidig zu interessieren und Soldaten, denen jeder Sieg abhandengekommen zu sein schien.

„Die schaffen keine Sondermeldung mehr“, sagte Krischan.

„Sie tun mir leid“, sagte Meta.

„Am besten ist es“, meinte Krischan, „wir spannen ab und begeben uns nach Hause.“

Dort verlangte Hauptmann Paul Konermann, Kommandeur des verlorenen Haufens, Augusts Kriegseinsatz, um einen Kübelwagen abzuschleppen, der mit den Hinterreifen im Graben festsaß. Krischan, der sich verantwortlich fühlte und vom Chef freie Hand bekam, schlug dem Hauptmann vor, den VW doch einfach stehen zu lassen und dafür ein paar Säcke Kartoffeln, einen kleinen Schinken, Steckrüben, Karotten, Äpfel und einen Schock Eier einzuheimsen.

„Was wollen Sie mit einem Auto“, sagte Meta, „wenn Sie nichts zu fressen haben! – Wo wolln'se denn hin, Herr Oberst?“

(Meta hatte es sich angewöhnt, jeden deutschen Offizier einen oder zwei Ränge höher anzureden.)

„Oben auf den Teuto dort bei Lengerichs Tunnel, um den Tommys eine echte Überraschung zu bereiten.“

Aha und oho! Der Hauptmann lehnte „getreu unserem Führereid“ ab und Krischan brach mit Meta und August auf. Als sei er kommerzieller Abschleppunternehmer, sah Krischan sofort, dass es für August eine Kleinigkeit sei, den Wagen flottzumachen.

„Das ist ein prima Auto“, flüsterte Meta ihm zu, „den können wir auf dem Hof gut gebrauchen.“

Während Krischan nickte und anspannte, flüsterte Meta August dem Starken bezirzend zu, diesmal nicht zu stark zu sein. Krischan flüsterte Ähnliches ins andere Ohr.
„Was soll das“, monierte sich der Hauptmann, „ist das eine Verschwörung? Was habt ihr mit dem Gaul zu besprechen!“
„Er arbeitet nur“, antwortete Krischan, „wenn wir nett zu ihm sind und ihn ermahnen, nun ordentlich ranzuticken. Warten Sie‘s doch ab statt uns anzumaulen!“
MG-Feuer erklang aus nicht zu weiter Ferne, eine Mine explodierte auch schon irgendwo und das Wummern einer Haubitze versprach wenig Gutes.
„Sind das die bösen Feinde, Herr Major?“, fragte Meta.
„Klar, Mädchen, aber nicht die Russen, die kommen nämlich von der anderen Seite.“
August stöhnte aus tiefer Pferdebrust, stemmte seine mächtigen Vorderläufe ins Gras des Weges, ruckte an – der Wagen ruckte nicht mit.
„Der ist perdu“, sagte ein Unteroffizier, „schlage vor, jetzt schleunigst zu verduften.“
Das taten sie mittels des anderen VW und waren eine Viertelstunde später auch vom Hof verschwunden, ohne die angebotene Bestechungsware mitzunehmen. Noch eine Viertelstunde später erreichten Krischan, Meta, August und der VW den Hof, wo eine Scheunenhälfte als Versteck und Garage zu dienen hatte, in dem schon der alte grüne Laubfrosch „überwinterte“ – beide schön unter großen Strohballen verborgen. Nach dem Krieg und bei Rückkehr normaler Zeiten würde man dann wieder motorisiert sein.
„Wer nichts wagt“, sagte Krischan, „gewinnt auch nichts.“

* * * * *

So war es also total klar, dass die Kriegsgegner hier bald einmarschieren würden. Die größte Sorge der Worpenbergs galt ihrem Sohn, wenn ihnen auch Begriffe wie „Dachau" und „Georg Elser" vollkommene Fremdwörter waren. Ostern 1945 hatten britische Bomber noch einmal Münster bombardiert, ob unnötig oder nicht, stand hier gar nicht zur Diskussion, und was Ende April in Berlin geschah, bekam man kaum mit.
„Gitler kapuut", sagte der Hilfswillige Iwan und wusste nicht einmal, woher er das wusste. Da tönte der Reichsdeutsche Rundfunk, - ja, er hieß noch so -, „der Führer sei im Kampf um Deutschland an vorderster Front gefallen", was in Aldrup das Bonmot „Warum ist er nicht früher an der vordersten Front eingesetzt worden?" kursieren ließ. Doch Vorsicht: Solange man nicht im feindbesetzten Gebiet lebte, konnten Kettenhunde auftauchen und „im Namen des Führers" kurzen Prozess machen. (Diese Kettenhunde haben größtenteils den Krieg überstanden und in der Bundesrepublik fröhlich weitergelebt!)

Am nächsten Tag, es ist der 3. Mai 1945, ackerten Krischan und August wieder daran, die fällige Kartoffeleinsaat für die nächsten Tage vorzubereiten. Mit strengster Disziplin hatten die Worpenbergs dafür gesorgt, dass die zurückgelegten Vorräte an Saatkartoffeln nicht angerührt wurden.
„Wer im Frühjahr nicht sät und pflanzt, hungert im Winter!"
Das wussten schon die Bauern des Bauernkrieges. August mümmelte gerade in einer Pause an seinem Habersack, als britische Panzer im Kriech- und Leisegang auf dem

Bauernweg ins Blickfeld Krischans, Metas und Augusts gerieten. August reagierte nicht, denn er konnte ja wohl Uniformen und Embleme nicht unterscheiden. Die Panzer, beziehungsweise ihre Kommandanten, die keck in offener Luke standen, verhofften und begannen erst mit Ferngläsern auf die dreiköpfige Gruppe zu starren, dann langsam die Geschützrohre auf sie einzuschwenken.
„Jetzt ist's aus“, sagte Krischan, „jetzt werden wir noch kurz vor Kriegsende abgeschossen.“
Meta wollte das natürlich nicht, darum fummelte sie sich ihren weißes Unterrock - trugen die Damen damals noch! -, vom zarten Mädchenkörper und schwenkte ihn den Soldaten entgegen, während Krischan sein nicht ganz weißes Taschentuch so hoch wie möglich in die Luft hielt.

Liebe Leserschaft, hier ist noch einmal Gelegenheit, diese Luft anzuhalten. Wir teilen auch schon mit, dass der sonst sehr grimmige Befehlshaber der anrückenden Einheit ein Lächeln nicht unterdrückte und beschloss, diese beiden wackeren „Germans“ schleunigst kennenzulernen. Er wollte weiterfahren lassen, sah aber nun, dass Krischan den August fertigmachte und zum nächsten Wendepunkt des Ackers vorrücken ließ – und der lag „zu Füßen der bösen Feinde“, nur durch den üblichen Entwässerungsgraben getrennt.

Krischan übersprang diesen galant, baute sich vor dem Panzer auf, in dem er den Oberkommandierenden vermutete, zog die Mütze, nickte mit dem Kopf diesem zu und sagte im Aldruper Holperdipolterenglisch:
„Morning, Sir, how are you? Was can ich tun for you?”
Meta, noch immer ihren Unterrock in den Händen und August festhaltend, meldete sich auch:
„Hello Mister Officer, welcome to Aldrup in Germany!”

Krischan wies auf sich, Meta und August und sagte:
„My name is Krischan Abramowsky, this is Meta Auf der Heide und the Pferd dort is August the Starke, the best Pferd in Germany and in the Welt."
Krischan und Meta entging nicht das allgemeine echt britische Gemurmel und sie glaubten den kritischen Punkt, der bei allen Eroberungen vorkam, überwunden zu haben. Die Waffen jedenfalls befanden sich nicht mehr in Anschlag.

Sergeant Charles Mac Charles, derber Ire und mit einigen hübsch bunten Kriegsauszeichnungen ziemlich bekleckert, übernahm auf Deutsch die Führung des weiteren Dialogs:
„Ist das eure Farm dort?"
Krischan und Meta nickten.
„Sind Soldaten dort? Artillerie, MGs?"
„Niemand mehr da", sagte Krischan, „wir haben sie gestern weggejagt."
Mac Charles übersetzte für den Kommandanten, Major Philip Disney, 45, der nun aus dem Panzer kletterte, um die beiden Germans, - noch Kinder oder schon Erwachsene? – in Augenschein zu nehmen. Niemand seiner Männer verriet, dass er Deutsch besser sprach als Schottisch-Englisch. Nach Krischan und Meta visitierte er August, der sonst niemals fremdelte, aber jetzt seine reinweißen Zähne blecken ließ. Während er seine rechte Hand über Augusts blanken Hals gleiten ließ, entdeckte Meta auf ihr etwas Interessantes – eine fette, groschengroße Warze in bester Blüte! Meta, stets für Überraschungen gut, versagte auch jetzt nicht und sagte:
„Sir Major, your hand..."
Sie unterbrach sich und wandte sich an Mac Charles:
„Sir, wie lautet Warze in english?"

„Wart, Miss Meta, wart."
„Your wart on your hand, Sir Major, my Krischan can sie", jetzt stotterte sie doch ein wenig, „kann sie wegmachen, Sir."
Mac Charles übersetzte und erntete Gelächter und Feixen, was auf und im Panzer besonders hoffnungsvoll wirkte.

Liebe Leserschaft, hättest du dir noch vor ein paar Tagen vorstellen können, dass Krischan und Meta so vortrefflich mit den Feinden Nazideutschlands konspirieren könnten? Immerhin war noch Krieg! Innerhalb einer Stunde war die komplette britische Einheit auf den Hof gefahren, umbellt von Bello und Nelly, bestaunt von den ganzen zweibeinigen Hofbewohnern, außer von der Kölner Schwarzhändlerfamilie Schälmann; deren Chef tauchte unter, nachdem er erfahren musste, dass er auf der alliierten Liste der Kriegsverbrecher gelandet war.

Major Disney richtete auf dem Hof sein Hauptquartier ein, denn er hatte von Marschall Montgomery (Monty) den Befehl erhalten, nicht weiter nach Osten vorzurücken:
„Dort stehen noch ein paar verrückte Germans. Außerdem laufen Waffenstillstandsverhandlungen."
Man schrieb den 6. Mai 1945. So moderat die Engländer mit Krischan, Meta und August geschäkert hatten, jetzt wollten sie nicht tiefer fraternisieren. Sie beschlagnahmten: Schälmanns mussten aus Teepen Hinnerks Heuerhaus ausziehen und kamen im Haupthaus unter.

Kríeg hin – Krieg her! Feinde hin – Feinde her! Überall in Deutschland, wo die Westalliierten einzogen, überlebte das Verbot der Fraternisierung nur die ersten Tage, vielleicht eine Woche länger. Hansgeorg und Alwine wagten es, den Major schon am 10. Mai, - Deutschland hatte an

allen Fronten kapituliert -, zum Abendessen in der besten Stube einzuladen. Erst dort rückte der Major mit seinem Geheimnis, die deutsche Sprache perfekt zu beherrschen, heraus. In der gelösten Stimmung bei Hühnersuppe, Kohlrouladen, Soße, Salzkartoffeln, Badener Rotwein dazu und „Aldruper Eierschneepudding“ als Nachtisch, „leider ohne Vanille, Herr Major, die gibt’s nicht mehr“, wagte sich Alwine noch weiter vor die Front:
„Unser Sohn, Herr Major, ist von den Nazis ins KL Dachau gesteckt worden, weil er üble Nachrede auf A.H. geführt haben soll und denunziert wurde.“
Der Major verstand und beauftragte seine Ordonnanz, diese Sache anzugehen.

* * * * *

Weil am nächsten Tag eine Maisonne schien, die hier alles friedensmäßig aussehen ließ, schlug Meta vor, diesen ungemein netten britischen Offizier endlich zu verarzten.
„Die Warze muss weg!“
„Krischan, du musst ran!“
„Die haben doch einen Truppenarzt“, sagte Krischan, „und Warzen sind selten eine Kriegsverletzung.“
Ihre Zweifel wurden durch Charles Mac Charles behoben, der mitteilte, dass sein Chef zur Operation bereit sei.
„Sie kann aber wehtun“, sagte Krischan.
„Ein Major Seiner britischen Majestät kennt keine Schmerzen!“
Nun denn, frisch ans Werk!

Die Sonne! Wir haben sie mit Absicht erwähnt, weil sie fürs Gelingen des Eingriffs unerlässlich ist. Wie war Krischan in den Ruf eines Heilpraktikers gekommen? Durch

Zufall. Man muss wissen, dass früher alle Menschen, die hauptsächlich im Freien arbeiteten, viel mehr von tierischen Plagegeistern attackiert und geplagt wurden: Blinde Fliegen, Bremsen, Stechfliegen, Moskitos, Stechmücken und Zecken waren viel häufiger anzutreffen als heutzutage und konnten den Aufenthalt draußen, besonders bei Gewitterschwüle und warmen Abenden, zur Pein und unmöglich machen. Alle Weibchen der Genannten brauchten für ihre Vermehrung das Blut der Warmblüter, zu denen auch der Mensch gehört, um nach der Paarung mit den Männchen befruchtete Eier ablegen zu können.

Wie heute jeder weiß, war und ist das Bekratzen der Stichwunden das Dümmste, was der Befallene machen kann, denn dadurch erst kann eine „natürliche Bagatelle" zum „schweren Fall" werden – Infektionen drohen. Krischan nun, natürlich gemeinsam mit Meta, hatte schon früh Selbstversuche unternommen. Versuche, die vielleicht schon von den Urgermanen unternommen und vervollkommnet worden waren. Von Heilpflanzen wimmelten früher alle Wälder, Felder und Wiesen, tun es heute noch teilweise, und wer Augen zum Sehen, Hände zum Pflücken und Mut zum Abschmecken besaß, konnte eben Heilpraktiker werden.

Krischans und Metas Lieblingsblume war der Löwenzahn, der auch unter den hübschen Namen Pissblume, Pusteblume, Lichtli, Milchblume, Kuhblume und Butterblume bekannt ist. Ihre zweitliebste war der Ehrenpreis, auch Viehkraut, Männertreu und Allerweltsheil genannt. Wir können hier nicht alle Pflanzen aufzählen, denen Krischan und Meta Heilkräfte zu entlocken wussten, dafür bot sich ihnen auch zu wenig Gelegenheit. Denn das Ärztewissen machte Fortschritte und Krankenkassen begannen immer mehr Mitglieder zu aktivieren. Nur eines kannten alle Quacksalber, Naturheiler und Homöopathen nicht: die Heilwirkung von Hengstpinkel und Pferdespeichel! Also denn, frisch ans Werk! Her mit den Hauptakteuren Krischan, Meta, August und Mister Disney!

„Hol erst August herbei", befahl Krischan Meta, „dann pflücke Löwenzahn und sammle dessen weißen Saft in ein Schälchen. Danach besorgst du von Alwine ein Pflaster und einen Verband."

In Begleitung seines Adjutanten erschien nun der Major, dessen mokantes Lächeln anzudeuten schien, dass er einen echtdeutschen Jux zu erleben gedachte. Wer hatte schon alles in England, Schottland und Frankreich an seiner Warze herumgedoktert? Krischan bot ihm einen Sitzplatz an, vom dem aus er seine Warzenhand auf den Tisch legen konnte.

„Sir", fragte Meta, „können Sie einigen Schmerz ertragen?"

„Mir ist schon eine Handgranate unterm Hintern explodiert, junge Dame, da wird Ihr Boyfreund doch nicht schlimmer sein!"

Oho, dachte Meta und aha sagte sich Krischan. Sein Blick zur Sonne, denn, modern wie er war, Fotovoltaik war mit von der Partie. Im Nu hatte er sein Vergrößerungsglas zur Hand und richtete durch dieses schon den alten Römern bekannte Gerät die Sonnenenergie auf die Warze. Zwei, drei Sekunden und sie schmurgelte und bruzzelte wie in einer Bratpfanne und gab einen Geruch von sich, der allen Kannibalen früherer Fresszeiten das Wasser im Mund zusammenlaufen ließe. Der Patient zuckte mit keiner Wimper, auch nicht zusammen, und hielt seine Hand unbewegt an Ort und Stelle. Krischan sagte zu Meta „Tupfer!" und tupfte ab, bis die Warze trocken war, aber wie ein Rückstrahler am Fahrrad leuchtete. Nun träufelte er Metas Pissblumensaft auf die Warze, tupfte wieder, träufelte noch einmal, und jetzt kam August der Starke zum Zug: Krischan holte sechs Salmiakpastillen aus der Hosentasche, - sechs kann man zu einem Stern zusammenfassen -, ließ jede von Augusts schönem Mäulchen belecken und klebte sie, wie angedeutet sternförmig, auf die Wunde. Krischan befahl Meta „Pflaster!“ und bepflasterte, dann nach „Verband!“ und verband abschließend.

Liebe Leserschaft, bist du nicht auch außer Rand und Band? Da müssen Medizinstudenten und angehende Ärzte jahrelang an Leichen und anderen Versuchspersonen herumfuhrwerken, um eine Zulassung zu bekommen, und ein 15-jähriger Jungschnösel ohne Schulabschluss macht eine Art von Minioperation glatt aus dem Handgelenk und dem ff!

„Mindestens eine Woche drauflassen, Herr Major, auch wenn es wie der Teufel jucken sollte.“

Das Arzthonorar folgte umgehend: ein amerikanisches Notfall- und Fresspaket allererster Qualität. Wir zählen nur einen Inhalt auf, der hier noch völlig unbekannt war: Kaugummi. Diese Internationalität zog damit in Aldrup ein, sie fand allgemeine Anerkennung, jedoch nicht bei August, der zwar kaute, dann aber Mühe hatte, es zwischen den Zähnen loszuwerden.

* * * * *

Die britische Besatzung unter Major Disney wurde nach vier Tagen verlegt, so dass nicht allgemein bekannt geworden ist, wie es mit seiner Warze weiterging. Einen Hinweis

auf ein gutes Ende gab es: noch vier dieser Pakete innerhalb der nächsten zwei Monate. Beim Abschiednehmen erteilte der Major noch einen kameradschaftlichen Rat:
„In den nächsten Tagen, Wochen und Monaten wird hier viel Gesindel auftauchen, nicht Gesindel im Sinn des Wortes. Aber es sind Tausende Menschen unterwegs in ihre Heimat, die zerstört sein wird, und nicht überall, wie in der Sowjetunion, werden diese Heimkehrer freundlich empfangen werden. Viele werden sich auch bei ihren Schindern rächen wollen. Passen Sie also auf, lassen Sie das Vieh nicht nachts draußen und stellen Sie eine Zeitlang eine Selbsthilfetruppe auf die Beine, die in der Dunkelheit Streife geht. – Auf Wiedersehen, vielleicht auf später!“

Alle Soldaten verabschiedeten sich auch von August, den sie liebgewonnen haben, der sie liebgewonnen hat, und ließen ihm Geschenke da – er aber durfte sich noch revanchieren! Das kam so: Im Überschwang des gewonnenen Krieges und tatsächlich davongekommen zu sein, gab ein Jeepfahrer zuviel Gas beim Rückwärtsfahren und landete mit den Antriebsrädern halb im Straßengraben. Ein Panzer hätte ihn, klar, herausziehen können, aber diese Ungetüme waren bereits vor Tagen fortgefahren.
„August to the front!”
Mr. Mac Charles erbot sich, August zu führen, aber solange Krischan und Meta sich in seiner Sichtweite befanden, mochte er nicht von anderen angeleitet werden. Mac führte ihn vors Auto, drehte ihn herum und befestigte die Kette vorn an der Karosserie. Dann gab er ihm einen leichten Klapps an den Popo, nahm ihn an die Kandare und befahl „August, go on!“ August ging nicht an und starrte irritiert auf Krischan. Der wollte Mac beiseiteschieben, bekam aber einen Rüffel serviert:

„Hau ab, boy!“
Boy Krischan bekam es mit Angst und Sorge zu tun, August könne Mac einen echten Pferdekinnhaken geben, und mit dem würde der doch so fröhliche und angenehme Aufenthalt der Engländer einen hässlichen Schluss finden. Doch August war nicht wie seine Mutter, er stieg nur wiehernd vorne hoch und fuchtelte mit seinen Vorderläufen in der Luft. Mac floh in Sicherheit, und Krischan trat an August heran und erzählte ihm eine Minute lang nette Sachen ins Ohr. Dann zog August mächtig an, seine breite Brust dehnte sich seitwärts, sein Herz machte Sonderschicht und der Jeep stand eine halbe Minute später auf der Straße. Nun doch der endgültige Abschied, frühere Feinde und jetzige Freunde winkten, bis die Staubwolke sich gelegt hatte und die Straße nach Lengerich frei war von Engländern. Aber sie hatten auf dem Hof Worpenberg eine Überraschung hinterlassen: fünf Kanister Benzin, die wie vergessen hinter der Scheune lagen! Danke, Mr. Disney! Damit war der Zweite Weltkrieg auch hier zu Ende – man schrieb den 15. Mai 1945.

1945 bis 1948

Über das Rote Kreuz kam Post! Postzustellung und Schule liefen noch nicht wieder an, da war ein Brief eine Rarität. Er trug keinen namentlichen Absender, aber den Vermerk „ehemals KL Dachau“. Hansgeorg nahm ihn in Empfang und verkroch sich zum Lesen in den Stall zu August – er fürchtete zu Recht eine üble Nachricht, die er dann Alwine vorerst vorenthalten wollte. Denn Alwine kränkelte. Es war eine gute Nachricht:
„Wenn ihr diesen Brief lest, bin ich schon unterwegs zu euch. Die Amerikaner haben uns Häftlinge befreit, bevor

alle liquidiert wurden, und in meinem Fall gab es von den Briten den Wunsch, mir unverzüglich und unbürokratisch nach Hause zu verhelfen... Der arme Georg Elser, der mein Freund hätte werden können und den ich mitgebracht hätte, wurde von den SS-Wachen heimlich ermordet... Grüße an alle Vier- und Zweibeiner!“

Der Krieg hinterließ hier auch Iwan der Russe und Polski der Pole. Sie waren wackere Jungens und hatten von ihren Volksgenossen mehr die Nase voll als von den Deutschen – freilich haben sie bei den Worpenbergs nur nette Deutsche kennengelernt!

„Dürfen wir hierbleiben, Chef?“

Eine Schicksalsfrage! Niemand wusste hier, wie mit den vielen Kriegsgefangenen zu verfahren sei, die nicht in ihre Heimatländer zurückwollten.

„Es kommen noch gefährliche Zeiten, Chef“, sagte Iwan, „unter meinen Landsleuten sind viele, die jetzt mit den Deutschen abrechnen wollen.“

„Und wenn wir hier bleiben“, fügte Polski hinzu, „und den einfallenden Russen und Polen versichern, dass hier nur anständige und hilfsbereite Deutsche leben, werden sie abziehen und euch nichts antun.“

Die Logik war zwingend. Hans Georg sagte zu und versprach ihnen zu helfen, wenn die Frage der Einbürgerung aktuell würde.

„Wir können auch Ihre Frau, Chef“, sagte Iwan, „die doch krank ist, nicht allein lassen.“

„Und“, fügte Polski hinzu, „Krischan und Meta sind noch Kinder, die Schutz benötigen. Außerdem würde August wohl krank werden, wenn wir ihn verlassen.“

Diese Argumentation war noch zwingender. Schon eine Woche später zeigte sich das.

* * * * *

Zunächst war die Feldbestellung das Wichtigste. Weil sich herausstellte, dass mit Augusts Marschtritt während des Pflügens kein anderes Pferd des Hofes mithalten konnte, wurde er jetzt nur vor einspännigen Geräten eingesetzt: das waren Eggen, Walzen und jetzt der Kartoffelanhäufler. Jeder Schrebergartengärtner heute weiß, dass Saatkartoffeln nicht einfach wie Saatpflanzen in die Erde gelegt oder gesteckt und zugedeckt werden – sie müssen mit Erde angehäufelt werden, damit ein richtiger kleiner Erdwall entsteht. August war, wir erwähnten es schon, der perfekte Geradeausmarschierer, er trat nie aus der Reihe, berührte mit seinen breiten Hufen nicht eine Kulturpflanze und war damit auch besonders geeignet, den Unkrautjäter durch die Reihen der Runkelrüben zu ziehen. Kleinkarierte Landwirte legten damals großen Wert darauf, dass sich die beim Pflügen bildenden Furchen schnurgerade über den Acker dahinzogen; wer das mit seinen Pferden nicht schaffte, galt entweder als deutscher Bauer nichts oder war sturzbesoffen. So kam es, dass Krischan und August als Weltmeister des Furchenziehens angesehen wurden.

August der Starke galt in allen einschlägigen Kreisen als „der Stärkste“. Krischan galt in seinen einschlägigen Schülerkreisen als der stärkste seines Jahrgangs. Beide leisteten sich im Monat August einen Streich, der in die Nachkriegsgeschichte Aldrups eingegangen ist. Ein Gerücht ging um und verdichtete sich zur Tatsache, dass die Zeche Ibbenbüren aus Platzgründen und um den Wiederaufbau zu beschleunigen, eine Halde an Kohlen verkaufte.

„Nichts wie hin! Der nächste Winter kommt bestimmt und wird furchtbar sein für alle Menschen, die nicht heizen können.“

Krischan und Meta spannten August an, der sich einen Sonntag lang hatte ausruhen können. Dank der früheren guten Beziehungen des Adalbert Schälmann zu diversen Lieferanten konnte ein Ackerwagen auf Gummiräder umgerüstet werden. Meta versteckte, an Wegelagerer denkend, das nötige Papiergeld in ihrem BH, den sie neuerdings tragen konnte, - stolz natürlich -, „und wer daran will“, verkündete sie entschlossen, „kann sofort sein Testament machen!“ Krischan war wie üblich mit seinem Eichenknotenstock und mit der Schleuder bewaffnet. Hans Georg sorgte dafür, dass sie ihre Personalpapiere mit sich führten.

* * * * *

Vorm Hellwerden ging’s los. August schritt munter aus und verlangsamte den Schritt auch bei den leichten Steigungen des Teutoburger Waldes nicht. Es galt, die etwa 25 Kilometer hin leer und weitere 25 zurück beladen bis zum Abend zu schaffen. An Ort und Stelle wurden Bauernwagen vor privaten Hand- und Schubkarren bevorzugt abgefertigt, so dass Krischan, Meta und August schon um 12 Uhr die Rückfahrt antreten konnten.

„Seid ihr allein, Kinder?“, fragte ein Mann an der Straße, der mitgenommen werden wollte.

„Wir sind keine Kinder mehr, Mann“, antwortete Meta, „und wir nehmen Sie nicht mit, weil unser August schon genug zu ziehen hat, kapiert? Bei den Steigungen werden wir absteigen und notfalls August schieben und ziehen helfen."

„Ich steige einfach auf", sagte der Mann und versuchte es. Krischan erhob sich und knallte seinen Stock auf die Hände, mit deren Hilfe der Mann sich zum Wagen hochziehen wollte. Im selben Augenblick gab Meta dem August das Zeichen zur raschen und plötzlichen Losfahrt.

Eine britische Militärstreife kontrollierte auf halbem Rückweg, ein deutscher Polizist leistete Hilfsdienst.

„Papiere bitte, your pass please!"

Der Deutsche las zuerst, reichte dann weiter, und ein Blitzstrahl hellster Freude und fröhlichster Erkenntnis durchzuckte das Gesicht des britischen Postens, der sein klappriges Deutsch noch vervollkommnen musste:

„If you bist Krischan und you bist Meta, dann this horse ist August."

Oh Welt, wie bist du klein, liebe Leserschaft, wirst du nun denken oder sagen! Und tatsächlich: Bei den örtlichen Besatzungstruppen hatte sich bereits herumgesprochen, welch fidele Abenteuer einige ihresgleichen auf dem Hof Worpenberg erlebt hatten. Die beiden Engländer strichen um August herum, beschmusten ihn, wie ihre Großmütter es wohl mit ihnen gemacht hätten, und gaben ihm vom amerikanischen Maisbrot zu futtern, das jetzt überall in Europa in Umlauf kam. Sie luden ihre ganzen Rationen zur Kohle auf den Wagen und winkten noch lange nach.

„Da sieht man mal wieder", sagte Meta, „dass gute Taten gute Taten nach sich ziehen können."

Welche Erkenntnis für ein 15-jähriges pubertierendes Mädchen vom Land!

* * * * *

Die Nächte wurden tatsächlich so gefährlich, dass kein Vieh mehr draußen auf den Weiden bleiben konnte. Das bestätigte auch Schmugglerchef Adalbert Schälmann, der nur des Nachts bei seinen Lieben erschien, zwar über Tag dableiben konnte, sich aber nicht sehen lassen durfte. So mussten seine entzückenden Kinder Otto, Wolfgang und Martin drinnen mit ihm spielen: Am Matador- und Stabilbaukasten, mit der elektrischen Eisenbahn, beim Bimbo-Kartenspiel und mit dem Figurenspiel „Taktik“, das von den Nazis dem Schachspiel nachempfunden war. Hans Georg wäre die ganze Sippschaft am liebsten losgeworden, aber Adalbert hatte sich bereits unverzichtbar gemacht: Er besorgte die knappe Medizin für Alwine, auch viele Sämereien für den Anbau im Garten, Säcke Kunstdünger, besonders die knappen Schuhe und Arbeitskleidung fürs Personal, und Werkzeug und Maschinenöl. Dafür schleppte er in der nächsten Nacht fort: ein erlegtes Reh, Fasane und Rebhühner, Kartoffeln, Eier, Speck, Stuten, Mettwürste und sonstiges Allerlei, das draußen gebraucht wurde.

Alwine war nicht nur krank sondern auch fromm geworden – wie's vielen Menschen ergeht, die das Ende nahe glauben:
„Näher mein Gott zu dir!“
Krischan, wir wissen ja, dass er zu allem zu gebrauchen war, wurde nun sonn- und feiertäglicher Kirchenkutscher. Sonntags fuhr Meta meistens mit:
„Kirchen erbauen mich“, sagte sie, „wenn ich auch mit dem Holzmann dort an der Wand wenig anfangen kann.“
Mit 3 hatte sie den Gekreuzigten zum ersten Mal „Holzmann“ genannt, weil das Kreuz der Kirche sichtbar aus Baumstämmen gefertigt war. Wenn Krischan seine Chefin

Alwine vor die Kirche gebracht, August das Fortgehen verboten und Alwine in der Kirche zur Worpenbergbank geleitet hatte, harrte er meist vorm Portal aus und beschäftigte sich mit August. Für diesen schien das Gebrumm der großen Orgel ein Hörvergnügen zu sein, denn seine Ohren spielten bei „Bis hierher hat uns Gott gebracht“ und „Ein feste Burg ist unser Gott“ wie die eines Känguruhs hin und her.

Diesen Sonntag ließen Krischan und Meta August allein vor der Kirche stehen und begaben sich festen Schritts über ein paar Stufen ins Kircheninnere.

„Schon mal üben“, sagte Krischan übermütig.

„Du brauchst nicht zu üben“, sagte Meta munter, „denn du kannst alle Dinge ohne Übung.“

Sie setzten sich so hin, dass sie den Altarraum überblicken konnten. So entging Metas scharfen Augen „Frieda die Kirchenmaus“ nicht, die sich, unbeirrt vom Gottesdiensttrubel, vor dem Altar zu schaffen machte.

„Dort hat gewiss wieder jemand sein Butterbrot gegessen und Krümel hinterlassen“, sagte Meta zürnend.

„Nun“, flüsterte Krischan ihr zu, „Kirchen sollen früher auch Essräume der armen Leute gewesen sein.“

Pastor Jonathan Piepenstock, 50, bestieg seine Kanzel, blätterte im Heiligen Buch und „linste“ gleichzeitig zu Frieda herab. Dann zitierte er einen Mann, von dem ganz Aldrup, ganz Lengerich, der ganze Kreis Tecklenburg und wohl ganz Westfalen und Niedersachsen kein Mensch je gehört hat, nämlich Abraham a Santa Clara, ein katholischer Prediger von 1644 bis 1709:

„Sitzt die Maus am Speck, so piept sie nicht.“

Nicht alle Gläubigen hatten Frieda gesehen und konnten mit dem Zitat nichts anfangen. Krischan erhob sich von der

Bank, ging hinüber zur Frieda und nahm sie liebevoll in beide Hände und sagte zur Gemeinde:
„Lieber eine fromme Maus im Haus als eine böse Katze."
Sprach's, ging hinaus und ließ die Maus auf dem benachbarten Friedhof frei. Dann kehrte er zu Meta zurück und der Pastor konnte endlich seine Predigt an die Gemeinde bringen. Doch die ganze Angelegenheit hatte Jonathan Piepenstock sehr aufgeregt. Aufgeregt, weil er dieses junge Paar hier noch nie auf den Bänken gesehen hatte.
„Hier gibt's was zu missionieren", dachte er während der Predigt und nachher auch noch, und darum eilte er schnurstracks am Ende des Gottesdienstes vor die Kirche und konnte Alwine, Krischan, Meta und August noch aufhalten.
„Frau Worpenberg", sagte er, „Sie haben mir verschwiegen, dass Sie Kinder haben!"
Ein klerikaler Vorwurf klang auf.
„Ich wusste dies bis heute auch nicht, Herr Pastor, „aber Sie können Krischan, Meta und auch August näher kennenlernen, wenn Sie uns heute Nachmittag zum Kuchenessen besuchen."
Abfahrt, denn August war es nicht gewohnt, vor einer Kirche zu kacken. Erst auf dem Rückweg fiel Alwine etwas ein:
„Ihr seid gar nicht konfirmiert, Kinder."
„Geht auch nicht, weil wir nicht getauft sind, Frau Worpenberg."

* * * * *

Jonathan Piepenstock hätte sich die Einladung nicht zweimal sagen lassen. Er kam sogar zu Fuß angetrabt. Bäuerliche Einladungen, das weiß jeder Land- oder Dorfpfarrer, lohnen sich auch dann, wenn auf ihnen weder Kirche noch Glaube diskutiert werden, ihre Kraft liegt in derben Stücken von saftigen Butter- und Streuselkuchen nebst Bienenstich. Und jetzt sind allenthalben Notzeiten ungehemmten Schlemmens! Aber Kuchenschlemmen musste vorerst verschoben werden, weil ein britischer Jeep auf den Hof fuhr und eine Person aussteigen ließ, ehe er wieder abbrauste: Franz Josef Worpenberg! Mutter Alwine genaß augenblicklich, als sie ihren Sohn in die Arme nahm. Franz Josef sah zwar zeitgemäß aus, also ein wenig abgemagert, war aber frohen Mutes und sehr erfreut, alle, die er kannte, einschließlich August, unversehrt wiederzusehen. Er begrüßte auch den Pastor, der ihn dieses Jahr hätte konfirmieren können. Schon nach zwei Bienenstichen berichtete Franz Josef von seinen Erlebnissen der Heimfahrt.

„Die Abreise aus Bayern verzögerte sich, weil ein genialer und humaner Amerikaner auf die Idee kam, mich doch einer münsterschen Schulklasse zuzuordnen, die von Lenggries aus, wo sie in der so genannten Kinderlandverschickung (KLV) festsaß, heimtransportiert werden sollte. Ich wurde ruckzuck Mitglied ihrer Quarta, erhielt von den Amerikanern hundert Dollar Reisegeld und ab ging's im beschlagnahmten deutschen Reisebus über München, Augsburg und Würzburg in einer Zweitagefahrt bis Köln, wo uns die Briten übernahmen. Von da in britischer Obhut nach Münster, wo der Bus vor dem Schillergymnasium Endstation hatte. Von Münster fuhr ein leerer Güterzug nach Osnabrück und weiter nach Hamburg, jedermann konnte einsteigen, ging aber das Risiko, dass der Zug an seinem Bahnhof nicht anhielt. So war es Sitte geworden, dass der Zugführer in den Bahnhöfen von Westbevern,

Ostbevern und Kattenvenne so langsam daherschlich, dass die Passagiere, darunter viele Hamsterer jeden Alters, abspringen konnten. In Lengerich-Hohne hielt der Zug und ich konnte aussteigen. Sogleich wollte mich eine britische Kontrolle am Wickel nehmen. Aber meine amerikanischen Reisepapiere bestätigten mich als ehemaligen Häftling des KL Dachau – etwas Besseres konnte mir nicht passieren, nun bin ich hier!“

Franz Josef ging hinüber zu August, der ihn wiedererkannte und heftig beschnoberte.

„Und“, ergänzte Franz Josef seine Reiseerzählung, „das Fazit meines Abenteuers? Ich werde, wenn in Kürze die Schulen wieder eröffnet werden, das Schillergymnasiun in Münster besuchen und dort irgendwann das Abitur machen.“

Alle schwiegen, beklommen oder beeindruckt. Franz Josef spürte das und erklärte:

„Für meine Unterkunft dort ist gesorgt, liebe Eltern, denn Direktor Stafforst war bereit, mich in seiner unzerstörten Wohnung als Pensionsgast aufzunehmen, zumal als er erfuhr, dass ich ein Landwirtssohn bin.“

„Und warum möchtest du ein Abitur machen?“, fragte sein Vater.

„Um studieren zu können.“

„Als Landwirt brauchst du kein Studium.“

„Werde ja auch kein Landwirt, Vater.“

Der Ton wurde zusehends gereizter. Franz Josef war der Meinung, sich früher, vor seiner Verhaftung, schon klar genug ausgedrückt zu haben.

Man vertagte sich und widmete sich Jonathan Piepenstock, der unbehaglich zugehört hatte. Piepenstock selbst widmete sich: den beiden Müttern Erdmute und Edeltraut.

Liebe Leserschaft, diese haben wir in letzter Zeit etwas vernachlässigt!
„Ihre Kinder Krischan und Meta sollten konfirmiert werden“, schlug der Pastor vor, „und darf ich fragen, ob Sie kirchlich getraut sind und die Kinder getauft wurden?“
„Fragen dürfen Sie, Herr Pastor“, antwortete Erdmute, „aber unsere Antworten werden Ihnen nicht gefallen.“
Und Edeltraut packte prompt aus, und Piepenstock gelangte zur Erkenntnis, hier hartnäckige Ketzer und keine harmlosen Heiden, wie er gehofft hatte, vor sich zu haben.
„Dieser Krieg hat doch gezeigt, Herr Pastor“, sagte Krischan, „dass Religionen Nebensache und Riten überflüssig sind, oder?“
„A.H.“, fügte Meta hinzu, „soll ein guter und gläubiger Christ gewesen sein.“
Krischan und Meta erhoben sich und gingen zu August hinüber, der dem Gespräch interessiert gelauscht zu haben schien. Als Erdmute fragte, was die Bedingungen für eine Konfirmation seien und Jonathan sagte, „dann müssen sie den Konfirmandenunterricht mitmachen, sonntags den Kindergottesdienst besuchen und eine öffentliche Prüfung in der Kirche bestehen“, winkten Erdmute und Edeltraut ab und servierten dem Pastor das letzte Stück des Butterkuchens. Liebe Leserschaft, fällt dir nicht auch der wackere Wilhelm Busch ein: „...ach, man will auch hier schon wieder nicht so wie die Geistlichkeit“.

Nur ein Dutzend Schritt entfernt und in Hörweite Augusts, der es liebte beachtet zu werden, stellte Franz Josef dem Krischan in Gegenwart Metas die so genannte Gretchenfrage:
„Würdest du, Krischan, gemeinsam mit Meta, den Hof hier übernehmen, wenn ich verzichte?“

* * * * *

Am selben Abend, während Krischan, Iwan und Polski ihre Bewachungsrunden drehten, brachte Alwine ihren Mann auf dasselbe Thema, das Franz Josef angeschnitten hatte:
„Ich mach's nicht mehr lange, auf jeden Fall nicht, bis Franz Josef und Krischan volljährig geworden sind."
„Du solltest nicht so viel unken."
„Ich habe mir", fuhr Alwine unbeirrt fort, „eine ganz raffinierte und unbürokratische Methode ausgedacht, wie wir dem Krischan unseren Hof vermachen können."
Hans Georg fühlte sich allmählich weichgeklopft, so oft kam das Thema an ihn heran; ein Thema, das es nicht gäbe, wenn Franz Josef nicht so störrisch wäre!
„Und wie soll das funktionieren?", fragte Hans Georg.
„Ganz einfach, mein Lieber, wenn ich ein Jahr lang in der Grube liege, heiratest du Erdmute. Damit würde Krischan der potentielle Hoferbe. Kapito?"
Wieder eine Gretchenfrage!

Genau in dieser Sekunde schoss „der potentielle Hoferbe" seine Schleuder ab und traf mittschiffs den Hinterkopf eines Nacht- und Landstreichers, der auf Zuruf nicht angehalten hatte. Dem ersten Volltreffer folgte der nächste, bis der Getroffene außer Sicht war und sich versteckte. Im weiteren Verlauf der Nachtstreife fand Krischan ein Motorrad, das er sich kurzerhand auf den Rücken lud, nach Hause brachte und zwischen den beiden schon erwähnten Automobilen im Stroh versteckte. Am nächsten Vormittag schlugen Bello und Nelly so wütend Alarm, dass sich die gesamte Worpenbergmannschaft auf dem Hof einfand, wo

ein Quintett aus ehemaligen östlichen Kriegsgefangenen sich aufgebaut hatte. Krischan tat drömelig-doof und schnitt den Männern den Rückzug ab, er tat aber auch mutig, als er feststellte, dass sie nicht mit Schusswaffen bestückt waren.
„Aha Mann“, sagte er plötzlich und trat an einen der Männer heran, dessen Hinterkopf eine große Beule schmückte, „hast wohl eins an die Birne gekriegt?“
„Kann nix vastehn daitsch.“
Meta kam heran und betrachtete sich die Beule fachmännisch.
„Nun“, sagte sie dann, „der hat da eine Dasselfliege sitzen.“
Dasselfliegen, liebe Leserschaft, sind heimtückische Insekten ähnlich den bösen Bremsen, und ihre Weibchen legen dem Vieh, vornehmlich Rindern, ihre Eier unter die Haut. Dort schlüpfen die Larven und fressen sich so fett, dass sie richtige Maden werden und sich über ihnen in der Haut der Tiere starke Beulen bilden; wer mag, kann sie da herausschneiden oder –drücken.

Während Meta Messer und Prokel holte, fragte Hans Georg die Männer formvollendet nach „ihrem Begehr“.
„Fressen, wir Schmacht haben wie Sau im Stall.“
Sie fühlten sich bereits unwohl, weil Krischan sich mit August hinter sie postierte und Bello und Nelly wie Raubtiere vor ihnen verhofften. Eine Eskalation bereitete sich vor. Da trat Iwan vor und sagte ihnen auf Russisch, dass es hier nichts zu stehlen und plündern gäbe, dass es hier nur gute Deutsche gebe und man ihnen eine Portion Bratkartoffeln mit Würstchen serviere, wenn sie dann abzögen und verbreiteten, „wie nett wir sind“. Als Meta mit einem Stilett und Verbandszeug aus dem Haus kam, stimmten sie zu

– die Operation unterblieb dann. Krischan führte August auf die Weide und rief die beiden offensichtlich enttäuschten und weiterhin knurrenden Hunde zurück.

Nach einer Stunde brachte Kellnerin Meta das Essen. „Euer Glück“, sagte sie, „dass ihr klein beigegeben habt, denn wir haben einen direkten Funkkontakt zur britischen Militärpolizei in Lengerich – die hätten kurzen Prozess mit euch gemacht.“

* * * * *

Zu der Drohung, die August hier unter Leitung Krischans auszuführen hatte, muss etwas gesagt werden: Vor vierzehn Tagen hatten Krischan und Meta angefangen, August ein paar Kunststücke beizubringen, die dekorativ, ja gefährlich aussehen und imponieren sollten. Wie zum Beispiel „hoch“ für vorne steigen, „hinten“ für hinten, „links“ oder „rechts“ für das jeweilige gewaltsame Ausschwenken in diese Richtungen und „Attacke“ für Augusts Scheinangriff auf eine Person. Man muss sich das vorstellen und an Laien denken, die keine Ahnung von Pferden haben: Da macht ein riesig starkes, kohlrabenschwarzes Pferd mit wehender Mähne alle diese Fisimatenten, bei denen man wie versehentlich einen Huf an den Schädel geknallt bekommen kann!

Schon am kommenden Sonntag sollte aus Übungen Ernst werden. Man war gewarnt worden: Findige Spitzbuben sollen herausgefunden haben, dass Landleute sonntags nach dem Mittagessen eine lange „None“ machen, das ist ein Nickerchen in der „neunten“ Stunde, das sie sich alltags nicht leisten können. Das, meinten die Spitzbuben, sollte man nutzen. Gut gedacht! Handzahme Pferde lassen sich ganz normal und unauffällig am Halfter aus der Weide führen, und dann geht's ab zum Hehler oder Schlachter – in Hungerzeiten achtet niemand aufs Herkommen des Fleisches.

Das dachten auch zwei notorische Viehdiebe aus Osnabrück, die einen Auftrag zum Pferdediebstahl bekommen hatten. Es geschah an einem Frühlingssonntagnachmittag 1947, als Krischan und Meta, jetzt jeweils 17 und bereits bevölkerungspolitisch nachdenkend, sich in der Nähe von Augusts Weide ins Gras niederließen, um erstens zu beobachten und zweitens eine Schmusestunde einzulegen; diese fiel vorläufig aus. Denn die Osnabrücker, nach Peilung der Umgebung tatenlustig, öffneten das Heck und gingen, das Halfter lockend in den Händen, auf August zu. August, das alte junge Schlitzohr, tat manchmal äußerst begriffsstutzig und kurzsichtig und äugte jetzt den beiden Männern wie verträumt entgegen. Er hielt zwar im Grasen inne, ließ aber den Kopf unten und warf ihn nicht auf. Krischan glaubte erkennen zu können, dass August ihn heimlich anschaute und zublinzelte.

Nahe genug herangekommen, um ihn ansprechen und bald berühren zu können, reagierte August aber anders, nämlich sehr klug, so dass Krischan und Meta merkten, er würde allein mit den Kerlen fertigwerden. Denn August drehte bei jedem Versuch der Annäherung sein mächtiges Hinterteil den Männern zu, was wohl, eigentlich unmissverständlich, heißen sollte: „Vorsicht, ich schlage zu!" Sehr fair von August, nicht wahr? Jetzt machte aber Krischan kurzen Prozess und schrie laut „Hinten!" Wie ein plötzlich in Gang gesetztes Hammerwerk fuhren Augusts Hinterläufe hervor, eben nach hinten, und trafen beide Männer an der Brust. Sie fielen wie tot ins Gras. Krischan und Meta erschraken fast ebenso tödlich und bekamen es mit der Angst zu tun, zwei Morde in Auftrag gegeben zu haben und dafür zur Verantwortung gezogen zu werden. Gemach, liebe Leserschaft! August hatte so feinfühlig dosiert, dass die Spitzbuben mit zweistündigem Übergeben und einer Woche Keuchhusten davonkamen.

* * * * *

Im Sommer 1947 offerierte eine auf den Hof fahrende Firma, das gesamte Anwesen inklusive dem Viehzeug fliegenfrei machen zu können. Kein heutiger Bundesbürger kann sich die Fliegenplage damaliger Zeiten und Ländlichkeiten vorstellen. Die kalkweißen Wände der Ställe waren von Mai bis Oktober von Millionen Stubenfliegen besetzt, die natürlich auch bis in Küchen, Wohn- und Schlafzimmer vordrangen. Es gab kein Mittel gegen sie, die allbekannten Fliegenfänger, an denen sich die Biester zu Tode klebten, fingen nicht einmal ein Prozent von ihnen. **Von** ihnen aber lebten fünf Pärchen Rauchschwalben mitsamt ihrem Nachwuchs, die jedes Jahr hier nisteten.

Freilich hätte man die Fliegenplage loswerden können, - so wie sie heute nicht mehr existiert -, aber dafür hätte man die Misthaufen hinter den Ställen wegschaffen müssen und hätte dann das Dilemma gehabt, dass der alte wahrhaftige Spruch „Wo kein Mistus – da kein Christus“ ungültig geworden wäre.

Da erschienen also drei Männer mit Spritzgerät und Bottichen voller Chemikalien auf dem Hof und präsentierten Schreiben „sehr glücklicher Landwirte“, deren Höfe und Tiere bereits fliegenfrei waren. Geld wollten sie nicht, die Reichsmark war ja vollkommen abgewirtschaftet.

„Gebt uns ein mittleres Schwein“, sagten sie, „und die Sache ist in Ordnung.“
Gesagt – getan! Alle Ställe waren sowieso leer und wurden nun quadratmeterweise bespritzt. Eimer voller Fliegenleichen, millionen gewiss, wurden fortgeschafft und im Garten vergraben.

Liebe Leserschaft, du witterst hier ganz gewiss Betrug und Scharlatanerie! So wie man es heutzutage mit gutgläubigen Menschen macht. Ein Irrtum diesmal! Bis zum Herbst des Jahres 1947 gab es hier so wenig Stubenfliegen, dass man sie auf eine Rote Liste hätte setzen können! Die Kühe konnte man nicht bespritzen, aber mit August und seinen Kameraden gelang es, indem man sie beruhigte und ihnen natürlich Augen und Nüstern abdichtete. Sie wurden in den nächsten vier bis sechs Wochen, nachdem sie die Brühe abgeschwitzt oder bei Regen verloren hatten, nicht von fliegenden und kriechenden Quälgeistern befallen. Insgesamt schien das Verfahren ungefährlich zu sein, niemand kennt heute mehr Namen und Hersteller.

Noch einmal in dieser Zeit durfte August der Starke aus dem Häuschen geraten, danach gab es nichts mehr, das ihn aufregen konnte. Die Düsenjäger! Nicht jene, welche die deutsche Luftwaffe noch während des Krieges am Himmel gegen feindliche Flugzeuge operieren ließ! Das waren ja lahme Enten! Aber jetzt! Jetzt brausten und jagten sie knapp über den Hängen des Teutos dahin, dass Heiden wackelten, Fenster klirrten, Hühner an überdimensionierte Habichte glaubten, Rindviecher die Schwänze empor richteten und harmlose Arbeitspferde an ihre Mustangzeiten erinnert wurden. August blieb steif-gelassen, ein Pferdemonument wie eingefroren und verfolgte die stählernen

Vögel mit Augen, welche die Welt nicht mehr verstehen wollten. Pfeifend verschwand die Flugzeugkette hinter der Bergkette – das war's dann, größere Aufregung konnte in friedlichen Zeiten nicht mehr stattfinden!

* * * * *

Allmählich begann sich das Leben im nun geteilten Deutschland zu normalisieren, was Sicherheit und Ruhe betraf. Krischan und Meta mussten die Aldruper Volksschule noch bis 1946 besuchen, weil sie sonst keinen Abschluss bekommen hätten. Franz Josef trat der Quarta des genannten Gymnasiums in Münster ohne Aufnahmeprüfung bei, denn man froh, jetzt überhaupt wieder anfangen zu können. Er wurde Wochenendfahrer und war nur beim Direktor beliebt, weil er jeden Sonntag ein Fresspaket mitbrachte. Die anderen Schüler mieden ihn erst, „weil du ja Widerstandskämpfer warst und Hitler verraten hast".

Ja, so war das noch bis in die 50er-Jahre hinein: Die „echten" Widerstandskämpfer galten noch als Verräter und eine Frau Rommel, Witwe des Feldmarschalls Erwin Rommel, verwahrte sich noch sehr lange dagegen, „dass mein Mann mit den Widerständlern in einen Topf geworfen wurde".

Krischan und Meta mussten sich 1946 entscheiden. Sich zu trennen und gar auch von August – das schien ihnen ganz und gar unmöglich zu sein. Da fand Alwine, wie gesagt kränklich und menschenfreundlich geworden, den Ausweg, der dann ein Hauptweg wurde:
„Krischan kann in unserem Lehrbetrieb Lehrling werden, und Meta wird hier Lehrling in Hauswirtschaftslehre, nebenher kann sie ein paar Kurse in Buchführung belegen

und Krischan schaut ab und zu bei einem Maschinenschlosser vorbei."
„Ja", ergänzte Hans Georg, „unser Beruf wird sich immer mehr technisieren."
Welcher Weitblick in einer Zeit, da alle nur kurzblicken mochten!

1948! Wir streifen in nur wenigen Worten das Nachkriegselend, mit dem die Deutschen ihre Mitschuld an A.Hs. Torheiten, Narrheiten, Dummheiten, Kriegen und Morden zu bezahlen hatten. Die Voraussagen einiger Fachleute, „dass ganz gewiss nie gekannte Hungersnöte eintreten würden, weil über ein Jahr lang in Europa weder gesät und geerntet wurde", trafen zu. Dass zu den alten nun neue Ungerechtigkeiten traten, lag in der Natur der Dinge. Wohl dem, der auf dem Land wohnte, gar Landwirt war, denn obwohl auch sie „drangekriegt" und den Bestimmungen unterworfen wurden, hungerten sie nicht.
„Das hat noch niemand geschafft", resümmierte Hans Georg, „uns Bauern auszuhungern!"

* * * * *

Bevor es mit der Währungsreform des Jahres wieder bergauf ging, wurde Edeltraut in ein amouröses Abenteuer verwickelt. Liebe Leserschaft, erinnerst du dich noch an Charles Mac Charles? Er war 1945 einer der lustigen Eroberer Aldrups, gemeinsam mit Major Disney. Nun erinnerte er sich, bevor seine Army ihn heimschickte, der beiden „bravourösen Damen aus Germany", und er rollte mit dem alten Jeep auf den Hof. Es war Samstag und beide Damen hatten frei.

Beide Damen! Sie waren wirklich und wahrhaftig famos, tüchtig und zeitgerecht, aber wenn sie gelegentlich in ihre Spiegel schauten, überkam sie, gelinde ausgedrückt, mäßiger Schrecken und unmäßige Unlust. Ohne Lust war auch ihr bisheriges Leben verlaufen, - was von Vorteil sein kann -, Freude hatten sie an ihren Kindern und daran, zur rechten Zeit aus dem Memelland „abgehauen“ zu sein.
„Unser Lack ist ab!“
Sie waren nun 38 und 37. Heute kein auffallendes Frauenalter, aber damals doch ein bedenkliches, wenn man keinen Ehemann vorzuweisen, dazu aber Nachkommen hatte.

Charles tauchte also unerwartet auf und lud Zigarettenstangen, Damenschuhe, Cadbury-Schokolade und Bonbons für die Damen und Kinder und zwei Packungen schwedisches Knäckebrot für August ab.
„Das ist natürlich nicht nur Pferdefutter“, sagte er, „aber unsere Polizeipferde sind ganz verrückt darauf.“
Das wurde sogleich ausprobiert. In Augusts Gebiss krachte dieses Brot wie berstende und fallende Bäume, Geräusche, die August von der Waldarbeit kannte und ihn nicht irritierten, und er hätte einen Zentner essen können und wäre doch nicht satt geworden.
„Warum ich hergekommen bin?“
Nun ja, warum? Erdmute und Edeltraut schwante Ungutes.
„Weil meine Mutter mir auferlegt hat, ich dürfte ohne eine blonde deutsche Frau nicht nach Hause kommen!“
Blond war hier nur Edeltraut!

* * * * *

Es war nicht so, dass Erdmute und Edeltraut in den vergangenen Jahren nicht an eine Heirat gedacht hätten – wenn der Richtige sich eingestellt hätte!
„Je älter man wird desto höher steigen die Ansprüche.“
Außerdem waren sie in der Sorge um ihre Kinder bis ins Letzte körperlich angespannt, so dass körperliche Gelüste sich kaum entwickeln konnten.

Charles tat nun betont höflich und männlich und erzählte von seinem Elternhaus in Cornwall.
„Wo liegt denn das?“, wollten Erdmute und Edeltraut fragen.
Charles schilderte einen ärmlichen Hof, den man heutzutage wohl für 200.000 Pfund losschlagen könnte, in den abenteuerlichsten Farben, „ein Paradies für Tiere“, „eine romantische Landschaft“, „Eltern“ und eine andere Verwandtschaft, welche die akkuraten Deutschen „seit Oliver Cromwell bewunderten und am liebsten nach Germany“ ausgewandert wären.
„Marschiere los, Charles, besiege sie nach Strich und Faden und erobere uns eine blonde Germanin!“
(Wieder einer der vielen kategorischen Imperative der Zeit!)

Liebe Leserschaft, hätte Edeltraut nicht sofort hellhörig und misstrauisch werden müssen, dass Charles sich derartig und frech herumkommandieren ließ? Er lockte nun weiter wie ein Auerhahn seine Henne im Forst:
„Wenn ich in der nächsten Woche losfahren muss, können Sie, Frau Auf der Heide, unverbindlich mitkommen und ebenso unverbindlich, alles auf Kosten der britischen Militärverwaltung, zurückfahren, wenn Sie das wünschen.“

Meta, die verschlossenen Gesichts das Gerede verfolgt hatte, natürlich dagegen war, aber nicht als Spielverderberin auftreten wollte, bekam die zündende Idee:
„Aber nur, wenn meine Mutter mitfahren darf!“

* * * * *

Und so wurde es gemacht. Nur mit dem kleinen Unterschied, dass Erdmute und Edeltraut selbst die Kosten bestritten.
„Wir haben Geld genug“, sagte Erdmute, „August hat uns mit seinen Bespringungen viel davon eingebracht, und hier kann man kaum etwas Vernünftiges dafür kaufen.“
Charles, mit einem losen Cornwaller Mundwerk ausgestattet, gab noch einen Satz drauf:
„Bald ist die Reichsmark sowieso nichts mehr wert! Es tut sich was im Staate Germany!“

Erdmute und Edeltraut kamen rechtzeitig zum 20. Juni 1948 zurück. Um eine wertvolle Erfahrung reicher:
„Höre nicht auf andere – schaue selbst nach!“
Wir brauchen hier nicht darzulegen, was sie in Cornwall erlebt haben, ein Wort genügt und erübrigt alle anderen: Enttäuschung! Am Sonntag, dem 20. Juni 1948, wurde offiziell und amtlich die Währungsreform verkündet, wurden je Bürger, der sich ausweisen konnte, 40.00 DM (Deutsche Mark) ausgegeben, die ab dem folgenden Montag, den 21. Juni 1948, also eben ausgegeben werden konnten. Einen Monat später gab es noch einmal 40.00 DM. Reichsmark und Konten wurden anders behandelt.
„So sind wir doch“, kommentierten Erdmute und Edeltraut, „zur rechten Zeit zur Stelle!“

Iwan und Polski bekamen natürlich nichts, mussten durchgefüttert werden, aber ihre Aussichten auf Einbürgerung waren mächtig gestiegen.

Auch Alwine hatte es geschafft! Im Rollstuhl durfte sie das neue Geld kassieren, gab es ihrem Mann „zu treuen Händen“, ließ sich nach Hause ins große Wohnzimmer kutschieren und starb dort eine Stunde später friedlich vor sich hin.

Eine neue Zeit

Hier, liebe Leserschaft, könnte eigentlich August des Starken Biografie ihr würdevolles und logisches Ende finden. Denn die Zeiten änderten sich radikal im Deutschland der Trizone, (die drei westalliierten Besatzungszonen), und speziell in der Landwirtschaft so sehr, dass die meisten Pferde als Arbeitstiere ausschieden und durch Maschinenkraft ersetzt wurden.

„August den Starken ausscheiden?“

Schon der Gedanke daran war frevelhaft und äußerst unfair. Krischan wäre an jedem, der August ans Fell gegangen wäre, zum Mörder geworden und Meta hätte die dann (noch) fällige Todesstrafe lächelnd miterlitten.

Morbiden Spaß beiseite! Krischan und Meta waren nun jeweils 18, sahen voll erwachsen aus und waren unbestritten das attraktivste Paar Aldrups, Lengerichs und der sehr weiten äußeren Umgebung. Einige mickerige Bewerber Metas hatten Krischans hautnahe Bekanntschaft gemacht und konnten, weil sie krankenversichert waren, wiederhergestellt werden. August alterte natürlich mit, war jetzt mit 12 im hochmotivierten Alter eines hochintelligenten Pferdes angekommen. Das Hamsterer- und Banditenunwesen war mit der Währungsreform schlagartig beendet, „Schafe konnten sicher weiden“ und Menschen ebenso schlafen.

Wer scharfen Auges durch den örtlichen Teutoburger Wald wanderte, - Landwirte und Bauern wandern bekanntlich nicht -, konnte überall auf den Pferdeweiden Zweitausgaben von August sehen: seine Söhne und Töchter. Leider hat niemand über seine Vermehrung Buch geführt. Sein Charakter hatte sich soweit gefestigt, dass er beim Anblick oder der Witterung Krischans und Metas in Ekstase geraten konnte – was manchmal zur echten Gegenseitigkeit geriet.

Während Hans Georg, echt tieftraurig über den Abgang Alwines, das Trauerjahr abzuzählen begann, absolvierten Krischan und Meta ihre Lehrjahre in seinem Betrieb. Franz Josef besuchte weiterhin das Gymnasium in Münster, war ein guter Mitkommer, aber längst, - wie er unumwunden zugab -, der Landwirtschaft abhandengekommen. Sein Vater hatte den über den Krieg geretteten Opel-Laubfrosch verkauft, aber den der Wehrmacht geklauten VW-Kübel reaktiviert. Große Pläne, schon im Krieg durchdacht, standen nun erneut zur Debatte. Zwar rieten die Propheten der Landwirtschaftskammer Münster dazu, bei der Vollerwerbslandwirtschaft zu verbleiben, „denn ohne uns Bauern gibt's nichts zu fressen“, aber Hans Georg Worpenberg pfiff ihnen etwas und ging einen neuen Weg. Krischan, Meta und August gingen ihn mit. Weil Iwan und Polski 1949 ausfielen und rundum Bauland gebraucht wurde, verkaufte Hans Georg 100 Morgen Acker und Wiesen und begann, endlich das Wildgehege einzurichten. Da konnte August wieder seine Arbeit als Rückepferd einbringen, denn gefällte Bäume mussten aus dem Wald „gerückt“ und im Freien aufgestapelt werden. Während die kleinen grünen Deutz-11-PS-Trecker pflügten und umbrachen, musste August alle im Wald anfallenden Arbeiten machen: Die Drahtrollen und Pfosten für die Zäune ins unwegsame Gelände schaffen, entrindete Kiefernstämme zu den Stellen transportieren, wo die Beobachtungshochsitze fürs Publikum stehen sollten, viele Sturzkarren voller Erde und Humus und für den Wegebau, und Ziegelsteine, Kalk und Zement für den Haus- und Hüttenbau an Ort und Stelle bringen.

August war stets unermüdlich bei der Sache, unter der Führung Krischans gab es absolut nichts, das er nicht bewältigen konnte. Ein Teil des Wildgeheges für Rot- und Damwild sollte aus dem benachbarten Moor bestehen und musste leicht entwässert werden. Den Schwergewichtler August mochte niemand ins Moor gehen lassen. Krischan entwickelte die Methode, den Pflug, welcher die Gräben ausheben sollte, mittels eines langen Drahtseiles durch August „vom Festland aus“ ziehen zu lassen – das funktionierte zum Erstaunen anders gesinnter Fachleute.

Nach Vollendung des zweiten Lehrjahres auf dem Hof avancierte Krischan zum Stiefsohn Hans Georgs. Denn seine Mutter hatte dem Drängen nachgegeben und Hans Georg unter der Bedingung geheiratet, dass ein eventuell, - sie war ja durchaus noch gebärfähig -, nachkommender Nachkomme nicht vor Krischan erbberechtigt sei. Wie sah Edeltraut diese Entwicklung? Mit vollendeter Gelassenheit, wusste sie doch, wer die künftige Erbbäuerin sein würde.

Krischan und Meta hielten ihr frühes Versprechen ein und durch: Nicht vor ihrer Volljährigkeit zu heiraten und auch vorher nicht „intim“ zu werden, auch nicht nach einem der zahlreichen Schützenfeste, die sie als „Bauern in spe“ mitmachen mussten. Jonathan Piepenstock, kurz vor

der Pension stehend, versuchte noch eine Mission, als ob er wilde Papuas vor sich hätte:
Erste Mahnung: „Die Wege des Herrn sind unergründlich.“
Antwort Krischans: „Wir gehen nur feste Wege.“
Zweite Mahnung: „Ein feste Burg ist unser Gott.“
Antwort Metas: „Auf Burgen war stets schlecht Wohnen.“
Dritte Mahnung: „Ein Platz im Himmel nur denen die glauben.“
Antwort Krischans: „Denken ist besser als Glauben.“
Und vierte Mahnung: „Die Himmel rühmen des Ewigen Ehre.“
Antwort Metas: „Man kann auch Gutes auf Erden tun.“
Damit brach Jonathan Piepenstock den Missionsversuch ab und ging in Pension.

* * * * *

Krischan hatte es sich nicht nehmen lassen, seine Mutter zum Standesamt Lengerich zu fahren: In der alten Kutsche, die er in Handarbeit reaktivierte und von August dem Starken ziehen ließ. Er selbst und Meta waren Trauzeugen. Zu Hause begrüßte der inzwischen von Münster hergekommene Franz Josef Erdmute Worpenberg mit jungendlichem Überschwang – eitel Sonnenschein also in zwei Familien, welche durch die Unbilden der Umstände und eines Krieges zusammengefunden hatten.

Am Spätnachmittag dieses Feiertages gab es eine romantische Szene zu beobachten, wie sie berühmte Maler nie auf ihren Gemälden zeigen: Krischan, Meta und Franz Josef lagen unter einer starken Eiche, deren Augen, falls sie je solche besessen hätte, wohl noch Soldaten des Siebenjährigen Krieges gesehen hätten. August der Starke stand dösend bei ihnen, denn er liebte derartige Gesellschaften. Erstaunlich nur für Laien war, dass er seine Äpfel nie in Menschennähe fallen ließ: Jeder Pferdefreund weiß, dass intelligente Lebewesen wie August ihre Notdurft auf den Weiden immer an einmal gewählten, etwas abseits gelegenen Stellen abladen.

Franz Josef glaubte an diesem bäuerlichen Hochzeitstag etwas gegenüber Krischan und Meta klarstellen zu müssen:
„Ich sei, gewährt mir die Bitte, in eurem Bund der dritte!"
Und er fügte hinzu:
„Wir nehmen im Schillergymnasium soeben Schiller durch."
(Was ist schon Schiller gegen August den Starken!)
„Mit dem Dritten im Bund meine ich", fuhr Franz Josef fort, „dass ich hier immer willkommen sein möchte, heute, morgen, immerdar und immerzu, wenn ich mal die Nase voll habe von Universität und Beruf."
„Du bist immer willkommen", versicherten Krischan und Meta.

In diesem Moment ließ sich August zu einem Schläfchen der Verdauung im Gras nieder. Unser Terzett nahm die Gelegenheit wahr, sich an Augusts massigem Bauch, zwischen seinen lang ausgestreckten Beinen, niederzulassen und in den Himmel zu starren. August Grasmahlzeit gärte im Magen laut und polternd, Gase verließen in Form melodischer Püpe den schwarzen Körper – eine Gemütlichkeit entstand, die mit keinen sonstigen Erlebnissen zu vergleichen war – das war die oben erwähnte romantische Szene rustikalen Charakters.

Krischan war als erster wieder munter, weil ihm einfiel, dass man an August in dieser Ruhestellung am besten jene Plagegeister fangen und vernichten kann, die unter den

vulgären Namen Skatt- oder Arschfliege allen Pferdepflegern bekannt ist, aber offiziell Hirschlausfliege (Lipoptena cervi) heißt. Sie ist ein ganz und gar ekelhaftes Geschöpf des Herrn, das den Pferden am Arsch kriecht und nicht wie Stechmücken und Bremsen mit einem Handschlag plattgemacht werden kann. Die Hirschlausfliege ist nämlich bereits so platt, dass sie sich unters Geschirr, unter den Sattel und unterhalb aller Lederriemen verbergen kann. Stöbert man sie auf, zum Beispiel beim Abschirren des Pferdes, versucht sie in einem seltsamen raschen Krebsgang das nächste Versteck am Pferd auf. Da hilft nur Krischans Mordmethode: flink zupacken und das Insekt wie eine Kleiderlaus zwischen den Fingern zerquetschen. August empfand Krischans Verfolgungsjagden stets als Wohltaten und hielt still wie sein eigenes Denkmal. Das Stichwort „Denkmal“ brachte Krischan augenblicklich eine Idee, welche er jetzt zur Diskussion stellte:
„Wie wäre es, wenn wir unserem braven August bereits vorm Ableben ein Denkmal setzen?“
Wir werden auf diese Frage noch zurückkommen. Auch darauf, was Pastor Horstmeier entdeckt zu haben glaubte:
„Der Alte Fritz soll hier auf dem Hof einmal übernachtet haben, als er zur Kur nach Bad Aachen wollte, um seine ihn bereits in jungen Jahren quälende Podagra zu kurieren.“

* * * * *

Edeltraut Auf der Heide hatte den Bogen heraus, das Leben zu meistern, und August der Starke half ihr dabei. Beide Frauen, Erdmute wie Edeltraut, hatten kurz nach der Währungsreform ihre Stellen in Lengerich aufgeben müssen, -

„jetzt kommen nur richtig ausgebildete Arbeitnehmer an die Reihe“ -, und Erdmute war, wie bekannt, Frau Worpenberg geworden. Aber Edeltraut war nicht willens, den Hof und Meta alleinzulassen. Im Einvernehmen mit Hans Georg wurde das dritte Heuerhaus, jetzt Einfamilienhaus genannt, zum Hofladen (!) umgebaut und lockte in Monatsschnelle Hausfrauen der Umgebung an, noch ehe der Amerikareisende Herbert Eklöh seine neuen Selbstbedienungsläden in den Städten eröffnen konnte. Nicht genug damit!

Edeltraut, einmal in Schwung und Fahrt gekommen, fuhr zweimal die Woche auf den Lengericher Markt, um ihre Waren zu verkaufen. Darunter die neuen, hier vor dem Krieg nie gesehenen „Riesenknackwürste“ von fünfzig Zentimeter Länge, die sie mit Senfschlangen darauf und mit einem frischen Brötchen für eine DM verkaufte. August der Starke fuhr Edeltraut hin und zurück, zurück ohne Führung und Lenkung durch den immer stärker werdenden Autoverkehr hindurch. Zu Hause, da war er sicher, bekam er die letzte Bockwurst und das letzte Brötchen zum freudigen und lustigen Vernaschen.

„August ist ein lustiges Pferd“...

...riefen, sangen und jubelten alle großen und kleinen Kinder der nagelneuen „Pferdefarm Worpenberg“. Vom Zwergpony, das ein Zweijähriger reiten konnte, über richtige Islandponys, Kleinpferden sonnigen Gemüts, Maultieren, Mauleseln, Westernpferden mit eingebauten Kunststücken, Kaltblütern und Heißblütern beiderlei Geschlechts war Gottes Pferdeschöpfung fast vollständig vertreten. Und doch: Wenn August der Starke die Bühne betrat, schwiegen alle Plappermäuler und Nörgelbabys wie auf ein

Kommando – tatsächlich wäre es nicht leiser gewesen, wäre plötzlich „der Alte Kaiser Wilhelm“ wiederauferstanden. August wirkte sonntags unter den meist lustigen Menschen wie der viel berufene Heilige Geist oder der Papst bei seinen österlichen Segenswünschen aus dem Vatikan. Nur blieb er wohltuend stumm und aß manchmal sogar den Kindern Blumensträuße aus der Hand oder von den Köpfen. Als sich herumsprach, dass er gern verschwitzte Lederkappen oder –mützen zerkaute, wurden diese fleißig aus den Schränken geholt und ihm serviert. So konnten Krischan und Meta pfundweise Lakritz und Salmiakpastillen einsparen. Aber sie hatten für ihren August eine ganz neue und schärfere Geschmacksrichtung herausgefunden: Rheilaperlen vor und Mixtura-solvens-Tabletten nach dem Dienst.

* * * * *

Hier ein paar **Sondereinsätze**, die August souverän erledigte. Einem leichtsinnigen Landwirt das Leben retten! Dieser war „besoffenen Kopps“ in den Graben gefahren, mit hinabgestürzt und von der Radnabe unbarmherzig auf die Erde genagelt worden. Nirgendwo rundum war ein Trecker aufzutreiben und es hätte ein Dutzend kräftiger Männer bedurft, den umgestürzten Karren soweit anzuheben, dass man den Kerl hervorziehen konnte.

„August der Starke an die Front!“

Krischan ritt mit August los, der, angekommen und den Fall beäugend, ein sehr bedenkliches Pferdegesicht machte. Er ruckte, quer zum umgestürzten Wagen, kurz probeweise an und befolgte dann genau Krischans Anweisungen:

„Los, lieber August, einen Meter weit anziehen und dann sofort anhalten!“
So gelang es, während August mit stark zitternden Bauch- und Rückenmuskeln den Karren in der Schwebe hielt, den Verunglückten unter dem schweren Rad hervorzuziehen. Augusts Belohnung bestand in herzlichen Streicheleinheiten aller beteiligten Helfer, die ein paar rote Möhren, süße Birnen und saftige Pfirsiche mitgebracht hatten.

In diese Monate fielen noch, als seien es Unglückszeiten, weitere Sondereinsätze Augusts, weil entweder alle motorisierten Abschlepper in Urlaub oder sonst unabkömmlich waren: Autos und andere festgefahrene Fuhrwerke aus Gräben, Moor und Heide freizuziehen; Holzrücken unter erschwerten Bedingungen im Staatswald; geschossene Keiler und starke Sauen nach einer Treibjagd bergen; Sturzkarren voller Steine für den Gemeindewegebau schleppen; ein altes Heuerhaus im wahren des Wortes einreißen, weil das die billigste Abrissmethode zu sein schien. Mit diesen Arbeiten verdiente sich Krischan mehr als nur ein Taschengeld.

August der Starke rückte kurz vor der Volljährigkeit Krischans und Metas in die Öffentlichkeit, wobei sogar ihre eingeplante Hochzeit verschoben werden musste. August wurde nämlich Hauptdarsteller des Kulturfilms „1-PS-Hafermotor“ und schlug damit alle anderen vierbeinigen Bewerber aus dem Feld. Mitte 1951 kurvte ein Filmemacher seinen Uraltmercedes auf den Hof, denn er hatte August, auf der Suche nach einem attraktiven Darsteller, draußen auf der Weide gesehen und sich spontan ein Urteil gebildet:
„Den oder keinen in meinem Film!“

„Und wenn mich ein Pferd tritt – der kommt vor die Kamera!“

„Der ist sogar ein richtiger Hengst, mit dem kann ich eine echte Kopulaszene drehen!“

Doch die stockkonservativen Landleute hielten nichts vom Filmen und von Filmern, - alles kompletter Schwindel das -, aber als Geldscheine knisterten und Münzen klingelten, also von einem Honorar die Rede war, da revidierten sie ihre Ansichten. Krischan stimmte zu, Meta hielt ihre Hand auf, eine extra große sogar, und August der Starke zeigte seine Charaktereigenschaften ohne jegliche Proben, ohne Lampenfieber. Aber mit einem Tritt auf den Fuß des Filmers, dass dessen Hühneraugen für ein ganzes Jahr totgetreten waren. Für folgende fotogenen Arbeiten Augusts fiel die Filmklappe auf dem Worpenbergschen Grundstück und an Orten in der unmittelbaren Nähe.

Erstens: Einspännig pflügen, und zwar bildwirksam von hinten nach vorne in die Kamera hinein, bis nur noch Augusts schwarze Füße im Bild zu sehen waren.

Zweitens: Beim Holzrücken. Das war, wir wissen es, eine Spezialität Augusts normalerweise nur im Winter, aber jetzt fällte man ein paar Bäume, die sowieso reif waren, mittelalte Eichen, die August scheinbar leichtfüßig aus dem Wald zog.

Drittens: Ruhige, für den Betrachter erholsame Szenen, die August beim zufriedenen Mampfen aus dem Hafersack zeigen.

Viertens: Treideln beim nahen Kanal. Diese Pferdetätigkeit kennt heute niemand, selbst der altgediente Kanalschiffer nicht mehr. Bei ihr werden Pferde vor Kanalschiffe gespannt, die sie, am Ufer auf dem so genannten Treidelpfad laufend, kanalauf oder –ab ziehen müssen. Etwas Neues

für August, aber er hätte hier und heute den Kahn bis nach Emden ziehen können.
Fünftens: Einen absichtlich in den Graben gefahrenen stolzen, funkelnagelneuen Mercedes, mit einem hübschen Mannequin frisch beladen, freischleppen.
Sechstens: Als Höhepunkt des Filmes ein niedliches Schauspieler-Ehepaar, das sich später tatsächlich heiratete, in großartig dekorierter Kutsche zum Traualtar fahren. Eine Szene dabei zeigte August blattgoldbeladen vor dem Portal der Kirche, wie er einer zwanzigjährigen Trauzeugin den Blumenstrauß aus den Händen zupfte und ihn genüsslich verspeiste.
Siebtens: Getreide dreschen zu Pferde. So machte man es früher, als es mehr Menschen als Maschinen gab, wie man heute noch im Orient Wasser schöpft: Über einen Holzbalken, der mit einer Achse verbunden ist, wird das Pferd in die Runde geführt und drischt mit seinen Hufen die untergelegten Getreidegarben vom Korn frei.
Achtens: Ein paar allgemeine Szenen aus dem Alltag eines Arbeitspferdes dienten der Auflockerung des Filmes: Anschirren, Striegeln, Putzen, Grasen im satten Grün einer von der Sonne beschienenen Weide, Pferdeäpfel auf dem Hof, die von Haus- und Hofspatzen entsorgt werden, August sich wolllüstig im Gras rollend, August in erotischer Weise eine hergeführte Stute beobachtend und schließlich, nach toller Hetzjagd „around the graslands“, hochdekorativ beschlagend. Ob diese Szene wirklich in dem jugendfreien Vor- und Kulturfilm gezeigt worden ist, wurde nicht bekannt. Bekannt ist und wurde, dass August der Starke später einen Hochzeitsantrag nach dem anderen offeriert bekam, aber aus Termingründen nicht alle wahrnehmen

konnte. Fazit für August, Krischan und Meta: eine vierstellige Demarksumme!

* * * * *

Der in Aussicht genommene Hochzeitstag musste noch einmal verschoben werden: Bauer Hans Georg bekam eine Idee:
„Dein Name gefällt mir nicht mehr, Krischan."
Krischan schwieg beharrlich.
„Ich meine deinen Geburtsnamen, Krischan."
Krischan und Meta schwiegen beharrlich.
„Abramowsky klingt hier nicht gut", sagte Hans Georg milde aber bestimmt.
Krischan, Meta, Erdmute und Edeltraut schwiegen.
„Es kann doch eigentlich nicht angehen", erklärte Hans Georg geduldig, „dass deine Mutter Worpenberg heißt, der Hof ebenso und du Abramowsky."
Meta schwieg nun nicht mehr und sagte:
„Prima, Hans Georg, das hast du gut gesagt. Und wenn wir dann heiraten, heiße auch ich Worpenberg."
Meta strahlte derart über ihre frisch-fröhlichen Wangen, auch Backen genannt, dass Krischan nicht anders konnte, als fröhlich-frisch zuzustimmen. Sie umarmte ihren Krischan und fragte ihn provokativ und erwartungsvoll:
„Weißt du eigentlich, was dein Vorname Krischan bedeutet?"
Er wusste es nicht.
„Er ist eine Kurzform von Christian, und dieser bedeutet ‚der Gesalbte'. Ich würde dich später lieber Christian rufen, geht das okay oder nicht?"

Ein amerikanisches Modewort war nun bis Aldrup und Lengerich vorgedrungen.
„Mein Vorname Meta“, sagte Meta, „ist übrigens eine Kurzform von Margaretha und bedeutet ‚Perle‘.“
„Das trifft ja tausendprozentig zu“, rief **Christian**, (so wollen wir ihn in Zukunft nennen und rufen), begeistert und fragte seine liebe **Margarethe**, (so wollen wir sie in Zukunft nennen und rufen:
„Und hast du für unseren August auch eine Erklärung?“
„Klar doch, Christian, August kommt von ‚Augustus‘, der ein Kaiser war und schon lange tot sein soll.“
„Also bleibt's bei August dem Starken!“, befahl Christian.
Dabei blieb es. Aber Standesamtmann Theopold Kracht wollte sich querstellen.

Liebe Leserschaft, erinnerst du dich dieses Namens? Der Inhaber dieses Namens kam uns schon unter! Margarethe durchzuckte ein Herzklabastern momentan gefährlicher Art, aber sie beherrschte sich und bat Theopold Kracht um ein Gespräch abseits seines Büros.
„Erinnern Sie sich“, fragte Margarethe harmlos, „eines gewissen Franz Josef Worpenberg?“
Jetzt bekam der so Befragte Herzklabastern, aber er log tapfer:
„Nicht dass ich wüsste, Fräulein Auf der Heide.“
„Nun“, sagte das Fräulein, „er war Ihr Klassenkamerad und Sie haben ihn bei der Gestapo denunziert, als er Abfälliges über A.H. von sich gab. Er wurde verhaftet und nach Dachau überstellt und entkam beim Einmarsch der Amerikaner knapp den SS-Mördern.“
Theopold Kracht lief rot an, als sei er Kommunist geworden, und sah seine Zukunft als Stadtrat und CDU-Bewerber gefährdet.

„Ich wollte Ihnen das nur in Erinnerung rufen“, sagte Margarethe versöhnlich, „ehe Sie den Antrag von Christian Abramowsky zur Namensänderung bearbeiten.“

1952

Christian Worpenberg und Margarethe Auf der Heide waren nun gemeinsam 44 und verlobt. August der Starke war bei 16 angekommen, und obwohl er geschätzt, nicht buchgeführt, sich schon über hundertmal gepaart hatte, war er noch zu haben, aber unverkäuflich. Auch der Tausendmorgenbauer Haidgress, der seinen Ortsbauernführertitel erfolgreich und schadlos abgelegt hatte, kam herüber und fragte im Namen des Pferdestammbuches an, wie es denn mit „August und künstlicher Besamung“ stand. Christian befragte seinen Pferdekamerad nicht erst, sondern lehnte, auch im Sinn Margarethes, glatt- und rundweg ab.
„Wer etwas von mir möchte“, ließ er kaltlächelnd allen Berwerberinnen Augusts ausrichten, „möge herkommen und schnuppern, ob ich ihm gefalle.“

Alle diese Sorgen waren nun nichts wert gegen das große Ereignis, das anstand: eine Hochzeit auf dem Hof Worpenberg. Davon hatte auch Aldrups neuer Pastor Philip Horstmeier gehört, ein derber evangelischer Prediger, und er grämte sich fast krank, dass bei ihm noch kein Aufgebot eingegangen war. Eine kirchliche Trauung bedeutete auch ein klerikales Hochzeitsessen, gab’s die eine nicht, fiel auch das andere aus! Das Tecklenburger Land ist traditionell eine protestantische Enklave im katholischen Münsterland, da muss man sowohl Dr. Luthers Thesen hochhalten als auch seinem überlieferten Appetit nachleben.

„Sie haben bei mir noch keinen Termin gemacht, junges Paar."
Christian schwieg und überließ eventuell nötige Antworten Margarethes Mundwerk.
„Ketzer, Heiden und ähnliche Zeitgenossen, Herr Pastor", antwortete diese, „pflegen keine Termine in christlichen Kirchen oder Sekretariaten zu machen."
„Ketzer sind doch hierzulande ausgerottet, junge Frau, seit die Wiedertäufer in Münster in ihren Käfigen hängen."
„Auch Ketzer vermehren sich, Herr Pastor!"
(Man beachte die historisch schlagfertigen Argumente der Gesprächspartner!) Jetzt schaltete sich Christian ein, um es kurz zu machen, denn er musste mit August die Kutschfahrt zum Standesamt Lengerich besprechen:
„Herr Pastor, wenn es Ihnen um den Nachmittagskuchenschmaus geht, sind Sie und Ihre Frau Gemahlin herzlich eingeladen. Zum anschließenden Tanz auf der Diele natürlich auch."
Herr Horstmeier ließ offen, ob er käme oder nicht. Seine Frau trieb ihn dann hin und beide genossen, hier im Originalton, „eine unbändige Freude beim Essen, Trinken und Tanzen".

In dieser fortgeschrittenen Nachkriegszeit fuhr niemand mehr „mit Pferd und Wagen" zu Trauungen, schon gar nicht zu einer zivilen „Verheiratung". Vierrädrige Insekten, genannt „Käfer", hatten zahlreiche Pferde abgelöst, und sie aßen weder Löwenzahn noch Hafer und machten auch keine Küttel und Pinkellachen auf öffentlichen Straßen und Plätzen. August der Starke war straßenrein, solange er nicht über eine Stunde stehend abwarten musste. Franz Josef war von Münster herübergekommen, gemeinsam mit seiner Freundin, und beide hatten sich für ein Medizinstudium entschlossen und wälzten bereits Zukunftspläne. „Vielleicht werden wir Landärzte", versprach er, „und können in einem oder allen dreien der ehemaligen Heuerhäuser unsere Praxis aufmachen."

Die Hochzeit selbst war kein gesellschaftliches Ereignis, Margarethe widerstrebte es, großen Luxus zu demonstrieren, während vielerorts noch Armut herrschte, der Krieg noch nicht ganz überwunden war und viele Mütter, Ehefrauen und Schwestern noch auf ihre Söhne, Männer und Brüder warteten, die weiterhin in Russland gefangen gehalten wurden. So hatte Margarethe es durchgesetzt, dass die Insassen eines Lengericher Altenheims der sozialen Unterklasse an der Kuchenschlacht teilnehmen konnten.

Edeltraut, durchaus nicht abseits stehend, denn schließlich war sie die Mutter der Braut und mit dem Anwesen durch und durch verbunden und verwachsen, hatte den modernen Vorschlag gemacht, diese Kuchenschlacht durch ein offenes Büfett stattfinden zu lassen, heute ja üblich, damals eine unerhörte Neuerung, die besonders beim jungen Volk viel Anklang erfuhr. Manches Kuchen- oder Tortenstück fand dadurch den Weg statt in Menschen- in Tiermägen. So saß man nur wenig herum, alte Herrschaften meist, die, wie bei solchen Jung-und-Alt-Treffen üblich, sich das Treiben der Jungen ansahen und dabei wehmütig an früher dachten.

Das taten in einer stillen Halbstunde auch Erdmute und Edeltraut. Ihre Gedanken wehten hinüber nach Nordost, das unerreichbar schien und auch gar nicht erreicht werden sollte – eine neue Heimat ersetzte die alte! Wenn sie so dasaßen, ihre glücklichen Kinder betrachteten und die Bilanz ihres Lebens zogen, dann kamen Freude, Stolz und Zufriedenheit auf.

Das junge Paar, wir haben es noch gar nicht beschrieben! Margarethe hatte darauf verzichtet, sich ganz in Weiß zu präsentieren, obwohl sie gewiss eine der seltenen Bräute hier war, die es zu Recht hätte tragen können.
„Ich möchte die anderen Frauen und Mädchen nicht provozieren“, sagte sie und hatte sich, ihrem Namen „Perle“ gemäß, ein grauweißes Kostüm schneidern lassen, den Rock natürlich, von unten her gesehen, vorm Knie endend; Mini gab’s halt noch nicht. Doch ihre Figur besaß Superformat, wenn auch einige Bauern- und Landwirtjünglinge ein Bäuerinnenformat mit dickeren Pobacken und umfangreichem Vorbau oberhalb der Gürtellinie lieber gesehen hätten. Selbst Frau Pastor Horstmeier erteilte ihr in dieser Beziehung die Note Eins.

Und Margarethes männliches Adäquat? Wenn wir schreiben, dass alle weiblichen Gäste zwischen 14 und 84, ledig oder schon die Goldhochzeit reichlich überschritten, sich insgeheim die Finger leckten oder ehebrecherisches Gedankengut pflegten oder an mittelalterliche Entführungen dachten oder heute Abend bei Dunkelheit Räuberhauptmännin spielen wollten – genug der Fantasien, die ein gutaussehender, fein in Schwarz (der Anzug) und Weiß (das Oberhemd) und Gold (die Fliege) anmutig und locker der Öffentlichkeit präsentiert!

August der Starke war ebenfalls in seinem Element. Ihm machte es nichts aus, den Planwagen voller Kinder alle Stunde einmal durch das Wildgehege zu ziehen, damit die Kinder wilde Tiere und diese wilde Kinder beobachten konnten. Diese Fahrten, „zugunsten eines späteren Denkmals für August den Starken“ brachten erhebliche Spenden ein, so dass tatsächlich das Monument in Auftrag gegeben werden konnte. Nur die Augen wirklicher Pferdekenner, Christian und Margarethe waren solche, erkannten an solchen Tagen den schleichenden Altersprozess Augusts. Fortan, ab diesem fabelhaften Hochzeitstag, wurde er von jeglicher Landarbeit befreit.

* * * * *

Das Abendessen ab 20 Uhr fand nur mit geladenen Gästen statt. Christian und Margarethe präsidierten am Tischkopfende, flankiert von ihren Müttern, die ja noch immer im knackigen Alter von 42 und 41 waren. Vielleicht war es die Großartigkeit der Meisterung ihres Lebens, der Verzicht vieler Genüsse zugunsten ihrer Kinder oder die Gradlinigkeit ihrer „ostpreußischen Charaktere", die ihre Ausstrahlung als ursprünglich Verlassene oder frühe Witwe ausmachten!

Nachdem alle Gäste auf-Teufel-komm-raus gegessen und getrunken, das Brautpaar angetanzt hatte und allesamt den bekannten Choral „So ein Tag so wunderschön wie heute" abgesungen hatten, zog sich das Brautpaar zurück. (So diskret drückt sich heute niemand mehr aus.) Seitdem die Evolution den Ur- und Erstmenschen den Befehl zur Arterhaltung und der Artverbesserung erteilt hatte, - lang-lang ist's her! -, seitdem wird dieser Befehl erdweit befolgt und Christian der Gesalbte und Margarethe die Perle benahmen sich botmäßig. Ihr so genanntes Eheschlafzimmer befand sich unterm Rückgiebel des weitläufigen Bauernhauses und war so massiv-solide gebaut, dass es noch mehrere Generationen von Hochzeitspaaren ertragen wird. Unter dem Oberbefehl Hans Georgs wurde zeitgleich mit einem Pferdebesitzer aus Osnabrück vereinbart, dass auch August der Starke morgen Sorge tragen durfte, dass gute Pferde, treue Diener der Menschheit, nicht aussterben...

Ausklang

Liebe Leserschaft, erinnerst du dich daran, dass wir hier eine Pferdebiografie geschrieben haben? Alle Menschen sollten nur Randfiguren abgeben. Vielleicht ist das gelungen. Hast du auch Verständnis dafür, dass es unmöglich ist, die letzten Tage, gar den letzten Lebensaugenblick eines Wesens wie August der Starke zu beschreiben?

Wir teilen nicht einmal mit, wann und wo es mit ihm zu Ende ging. Ein berühmter Bildhauer machte Fotos von ihm, wie er sich auf Kommandos Christians wie ein Lippizaner erhob, nur unsäglich eleganter, unbeschreiblich schöner sogar, so dass der Künstler nach diesem Abbild arbeiten konnte. Sein Werk ist so lebensecht und lebensgroß ausgefallen, dass es, würde es an einer Autobahn aufgestellt, für Staus und Auffahrunfälle sorgen würde. Sollte einst, was zu erwarten ist, unser Planet im Weltall als ein öder Steinhaufen ohne Sauerstoff und andere Notwendigkeiten organischen Lebens dahinvegetieren – August des Starken Denkmal wird nicht vergehen! Es besteht nämlich aus einer zehn Zentimeter dicken Edelstahlplatte ganz in eingebranntem Schwarz, die aller Witterung trotzen wird und nur die Wartung benötigt, dass der Sockel regelmäßig kontrolliert werden muss.

Dieses Denkmal bekam dann zwei Jahre später Gesellschaft: Nebenan wurde der hölzerne Nachbau jenes Klohäuschens aufgestellt, in dem, laut Aldruper Forschung, „SM der König von Preußen auf der Durchreise nach Bad Aachen seine Notdurft verrichtet hat“. (Werte Leserschaft:

Kennst du diesen Ausdruck noch? Schlag nach bei Wikipedia!) Und auch dieses Häuschen bekam noch zu Lebzeiten Augusts Gesellschaft: Der Alte Fritz höchstselbst, derzeit wie alles Preußische nicht hoch angesehen, wurde oberhalb des Häuschens „installiert" - man hatte ihn in einer Kommune, wo er aufs Abwracken wartete, aufgegabelt und mit Augusts Körperstärke hergeholt.

1956, August war soeben 20 geworden, gab es den ersten bedenklichen Warnschuss: Er wollte morgens beim Wecken nicht aufstehen! Vielmehr: Er konnte es nicht. Nichts half, bei einem Versuch sackte er wieder zusammen, dann bemühte er sich nicht mehr. Seine Augen waren klar und freundlich wie immer, der herbeigerufene Tierarzt, ein Freund Augusts, konnte nur gute Werte feststellen. Er riet, ihn irgendwie auf die Beine zu bringen.
„Ich habe schon vielfach erlebt", sagte er, „dass es ein Pferd nach solch einem Vorfall noch drei bis fünf Jahre getan hat."
Wie hebt man ein starkes Pferd auf die Beine?

Mit viel Mühe und Schweiß schoben Christian und der Tierarzt einen breiten Gurt unter August, der alles voller Vertrauen „auf seine Leute" mit sich geschehen ließ, stellte ein Dreibein über ihm auf und konnte ihn so zentimeterweise mittels der Kette hochhieven. Ein Ruck ging durch den schwarzen Körper, August schüttelte sich wie ein Jagdhund, der mit einer Ente im Maul ans Ufer kommt, und nahm an Trog und Raufe Platz, die verpassten Mahlzeiten nachzuholen. Nie wieder hat August der Starke, auch manchmal scherzhaft „Kaiser Augustus" gerufen, sich zum Ruhen nieder getan! Im Stehen schlafen zu können – welch geniale Gabe der Evolution!

Noch vier gute Jahre „schaffte“ August der Starke für Christian und Margarethe Worpenberg, ließ sich von deren zwei Kindern reiten und verwöhnen und vermittelte somit Tierliebe und Tierachtung an die nächste Generation. Wir halten es mit dem alten Römer Quintus Flaccus Horaz, der einstmals sagte:

„Multis ille bonis flebilis occidit –
von vielen Guten betrauert ging er von uns.“

„Ich habe gesehen“, berichtete Pastor Horstmeier, „als ich mit dem Fahrrad in der Nähe eures Hofes entlangfuhr, um zum Nachbarn zu kommen. Da nahm August einen mächtigen Anlauf quer auf das Haupthaus zu, und ich glaubte, er würde nicht mehr rechtzeitig anhalten können und gegen die Hauswand prallen. Doch dann hob er sich mächtig empor und überflog das Haus in einem gewaltigen und in seiner Anmut überwältigend herrlichen Sprung – ob August der Starke auf der anderen Seite des Hauses aufgesetzt hat oder im Himmel gelandet ist, kann ich allerdings nicht sagen...“

Dorf-Ulknudel Roswitha Fahrenkötter, über alles unterrichtet, das des Klatsches wert war, hat August den Starken ganz offensichtlich zum letzten Mal gesehen. Sie berichtet: „...ich kam vom Dorfkrug zurück, wo unsere Damenrunde ihre Doppelkopfrunde veranstaltet und manchen Likör geschluckt hatte. In der hellen Vollmondnacht sah ich von rechts kommend eine Bewegung am Himmel, ja, ein dickes schwarzes Pferd in vollem Galopp daherkommen. Es funkelte rot von Funken und Sternenglanz und als es vorm Mond herzog auf eine feste Burg zu, da verdunkelte es diesen Mond – wie bei einer Mondfinsternis. Es war unheimlich und ich bekreuzigte mich, obwohl ich eine ehrliche

Protestantin bin. Ja, das war August der Starke, dem ich manches Stück Würfelzucker verabreicht hatte. Er verschwand zum Mond zu und wurde immer kleiner in der großen Unendlichkeit des Himmels...“

ENDE

Verlags- und Autorenhinweis

Lektorat dieses Buches: Ilka Wallmeyer-Rohdich aus Greven.

Weil es von August dem Starken keine brauchbaren Fotografien oder Zeichnungen gibt, hat der Autor auf passende Bildangebote bei Wikipedia und Pixabay zurückgreifen müssen – beiden Firmen sei hiermit gedankt.

Dieses Buch ist das dritte und letzte einer Trilogie „Tierbiografien“. Bereits erschienen sind

„Peter der Große“, Biografie eines Katers, ISBN 978-3-96103-327-0,

„Nelli der Einzige“, Biografie eines Hofhundes, ISBN 978-3-96103-408-6

Bitte beachten Sie auch unter www.rediroma-verlag die anderen dort erschienenen Bücher des Autors!